「金毒」を浄化して福の神を呼び寄せる

恐ろしいほど お金の神様に 好かれる方法

心理カウンセラー
masa

扶桑社

はじめに

突然ですが、納豆って好きですか？

私は納豆が大好きで冷蔵庫を開けると
1パック3個入りの納豆が『3パック』は常備されています。
大好きなので常備されていないと落ち着かないんです。
ところで、納豆が嫌いな人は冷蔵庫に納豆が入っているでしょうか？
基本的に嫌いなら、冷蔵庫に納豆は入っていないですよね。

つまり
納豆が好き＝冷蔵庫に納豆が入っている
納豆が嫌い＝冷蔵庫に納豆が入ってない
当たり前の方程式が成り立ちます。
「何を訳わからないことを言ってるんだ」と困惑させていたらごめんなさい。
さて、ここからが本題です！
ズバリ！

〝あなたはお金が好きですか？〟

そう聞いたら多くの人が「大好きです」と答えると思います。
お金があることで、ほしいものが買える。
住みたい家に住める、旅行にだって行ける。
心に安心感が生まれ穏やかに生きていくことができる。
さんざん迷惑をかけてきた両親にたくさん親孝行ができる。
いいことしかありません！

それでは
〝あなたの銀行口座には満足できるほどお金が入っていますか？〟
そのように聞かれると「イタタタタ……」と
昔の私のように心がチクチクする人がいるかもしれません。
私は昔、お金の話を友人とすることを避けていました。
なぜなら、常に「お金がない」状態なので

「貯金いくらあるの？」と言われると虚しくなってしまうから……。
そんな中、自分を変えようと参加した
自己啓発セミナーで衝撃的なことがありました。
セミナーの講師が「お金が好きな人は手を挙げてください」
と言ったので手を挙げたところ……
「お金が満足できるほど銀行口座に入ってる人は、
そのまま手を挙げていてください」と言ったのです。
私やほとんどの参加者はその手をおろしました。
ダメ押しで
「納豆が好きなら冷蔵庫に納豆が入っているはず。お金が好きなら
お金が満足できるほど銀行口座に入っているはずです。
もしもお金が好きだというのにお金が満足できるほどないなら、
実は無意識でお金を嫌っているということなんですよ」

はじめに

と言い放ったのです。
私にとってイナズマが脳天に直撃したような衝撃！
そして**「私はお金が好きじゃなかったんだ」**と自覚しました。
もしも今、あなたが経済的に満足しているならば、
この本を読むのは時間のムダになるかもしれません。
〝Ｔｉｍｅ ｉｓ ｍｏｎｅｙ〟なので、
ほかのことに貴重な時間を使ってください。
でも、もしも昔の私のように
「実は私もお金が好きじゃないのかも」と思われるのならば、
どうか本書をこのまま読み進めてほしいです。
後悔はさせません！

あなたが満足できるほど銀行口座を潤わせる
具体的な方法が盛りだくさんで登場します。

例えば本書の114ページに書かれている

〝臨時収入はお金だけではないんですよ〟という考え方を取り入れた女性は、

職場で沖縄みやげのちんすこうをもらいました。

今までだったら「ありがとう」の一言で終わっていたのに、

「このちんすこうも現地で買えば500円はするよね。

これは立派な臨時収入だ。ありがたいな」と

自然と思えるようになったと言います。

すると不思議なことが！

ある日、同居している義理のお母さんから

「20万円引き出してきて」と頼まれたそうです。

「いつもより引き出す金額が多いな」と思っていたところ

「いつもがんばってくれてありがとう」と

『10万円をもらった！』というありえない体験をされました。

はじめに

「こんなの15年同居していて初めてですよ！　奇跡です」と驚かれていました。
だけど私に言わせると、そんな感じで
お金に関する奇跡が起こりやすくなるんです！
そしてこの本で特にお伝えしたいのは

〝毎月プラス10万円のプチ贅沢な人生を実現させませんか？〟

ということ！

毎月10万円プラスであれば
旅行に行ける、ほしいものが買える、エステに行ける、
お寿司や焼肉が気軽に食べられる、習いごとに行ける、貯金を増やせる　etc
今まで我慢してたことを我慢せずに済みます。

心にゆとりが生まれ、人にやさしくなれて、将来に安心感が生まれます。
ぜひ**読むだけで『福の神』に好かれて不思議な臨時収入がやってくる世界**を、
一緒に体験してみませんか？

CONTENTS

CONTENTS

CONTENTS

第1章

お金を遠ざけているのは、もしかして自分自身？

もしかして、お金のことを嫌っていませんか？

「収入を増やしたい」
「将来、安心して暮らせるだけの貯金がほしい」
「宝くじで高額当選したい」
「今より豊かな生活を送りたい」

など、私の元には日々、お金に関する切実な願いが届きます。みなさんがこんなにも、心からお金を求めているのに、なかなか思い通りにならない現実……。

なぜ、お金に関する願いは叶いにくいのでしょうか。

それは、あなたが無意識のうちに、**お金のことを嫌っているから**かもしれません。

「お金が嫌いだなんて、そんなわけない！」

という声が聞こえてきそうです。「はじめに」でも触れましたが

「あなたはお金が好きですか？」

と問われれば、10人中10人が「好き」と答えることでしょう。

しかし、日頃から「お金が大好き！」と言っている人でも、心の奥底では、お金に対してネガティブなイメージを持ってしまっていることがあります。

それは、長い時間をかけて蓄積されたものなので、なかなか自覚することはできません。

次のページに、**お金の「思い込み」**を探るチェックリストを用意しました。あまり考えすぎず、直感で答えてみてください。

◆お金に対する思い込みチェックリスト

次の項目のうち、自分に当てはまると思うものにチェック☑をつけてください。

- □「お金持ち」に対して、なんとなくネガティブなイメージを持っている
- □「お金持ち」は自分とは住む世界が違うと思っている
- □買う予定がなかったものを「安いから」と買ってしまうことがある
- □少しくらいズルいことをしないと、大金は得られないと思う
- □「お金がない」が口グセになっている
- □子どもの頃、お金で苦労した経験がある
- □子どもの頃、親から「うちは貧乏だ」「うちはお金がない」と言われた記憶がある

□「お金がないから」とこれまで我慢してきたことがある
□水回りの掃除をついサボってしまうことがある
□財布の中がレシートや不要なカード類でいっぱいになっている

いくつチェックがつきましたか？

実は一つでもチェックがついた人は、お金に対してネガティブなイメージを持っている可能性があるので、このまま続きを読んでみてください。

どんな人でも、お金についてなんらかの「イメージ」を持っています。

それは、子どもの頃（４歳～15歳頃）のお金に関する経験や価値観によってつくられるといわれています。

子どもの頃はお金に関して主導権を握っているわけではありませんので、

育った環境や親の価値観が大きく影響しているといえるでしょう。

お金に対するイメージは、**「思い込み」**として心の奥深くに居座っています。それがネガティブであればあるほど、お金を稼ぐこと、お金が増えることに居心地の悪さを感じるようになります。

「簡単にお金を稼げるなんて思ってはいけない」

「お金持ちは、たいていズルいことをしているに違いない」

など……。その**居心地の悪さがお金持ちになることを妨げている**のです。

たくさんチェック☑がついた人も、がっかりする必要はありません。ここでは、自分のなかにある思い込みの存在に気づくだけで十分です。

この本では、その思い込みを取り払い、お金持ち体質になるための方法をたっぷりと解説していきます。安心して読み進めてくださいね。

道に１円玉が落ちている……さて、どうする？

ここで、みなさんに一つ質問をしたいと思います。

朝の通勤中、駅前の道を歩いているときに、１円玉が落ちているのを見つけたとします。さて、あなたならどうしますか？

いろいろな人にこの質問をしてきましたが、「拾わない」「スルーする」と答える方が圧倒的に多いです。

では、落ちているのが１万円札だったらどうでしょう。みなさんの予想通り、「拾う」と答える方がグンと増えます。

もちろん、その場合は警察に届けるなどの対応が必要になりますが、１円玉は拾わないのに、１万円札は拾う……その心を見つめてみてほしいのです。

お金がほしい、お金持ちになりたいと思っているはずなのに、実際にはお金を大切にできていない……そんな一面があるのではないでしょうか。

「1円玉を拾ったくらいで、なんにもならない」

「1円玉を拾うなんて、人に見られたら恥ずかしい」

そんな思いが、どこかにありませんか？

当たり前の話ですが、1円玉が1万枚集まれば、1万円です。なぜ、金額によって行動が変わってしまうのでしょうか。

そこにも、自分では気づいていない「お金に対するネガティブな思い込み」が隠れているかもしれません。


ちなみに、私のなかには、「1円玉を拾わない」という選択肢はありません。「お金と目が合う」という言い方をよくするのですが、私は本当に頻繁にお金を拾います。道を歩いていると、お金の声が聞こえてくるのです。

車にひかれてベコベコになった1円玉、隅っこの薄暗い場所で忘れ去られた1円玉が「助けて」とサインを送ってくるようなイメージです。

もちろん、最初からそうだったわけではなく、さまざまな心理学や自己啓発の本を読み、そして実践し、お金に対する価値観が変わっていく過程で、だんだんとそんな**「お金と目が合う体質」**になっていきました。

私には、助けを求めているお金をスルーすることは、もうできません！


この本を読んでくださっているみなさんも、近いうちに道端で1円玉に遭遇することがあると思います。

実は、**そのときにどうするかが、お金と仲よくなれるかどうかの分かれ道**だったりします。

今日、明日にも、その瞬間がやってくるかもしれませんよ。

拾った1円玉の扱い方については、182ページも参考にしてください。

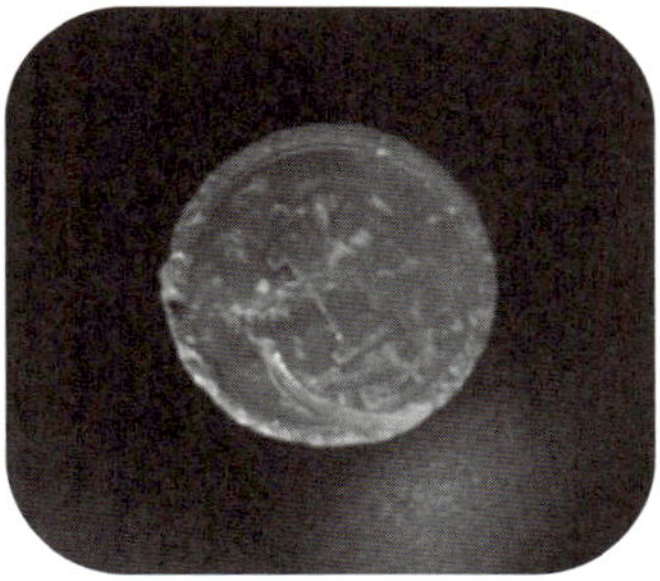

私が実際に拾った1円玉。ボロボロの1円玉が、よく私に助けを求めてきます。

「お金持ち」に対するあなたのイメージは？

ここでもう一つ、みなさんに質問があります。

あなたが法事のため、お寺のお坊さんにお経をあげに来てもらったとします。そのお坊さんが、ベンツやフェラーリなどの高級外車に乗って来たらどう思いますか？

これは有名な質問なので、聞いたことがある人もいるかもしれませんが、「私たちが払ったお布施でそんな高い車を買って……」「楽に大金を儲けていて、ズルいなぁ」「坊主丸儲けかよ」などと、マイナスな気持ちを抱く人が少なくありません。

もしもあなたのなかに、こんな思いが芽生えたとしたら、**お金に対するネガティブな思い込みはかなり大きい**といえるでしょう。

そのお坊さんが車を買ったお金も、あなたが仕事をして得たお金と同じく誰かの役に立って受け取ったお金です。

誰かをだまして得たわけではありません。本来ならば、**自分が受け取ったお金をどう使おうと自由**なはずです。

私がこのお坊さんを見て思うことはただ一つ。

「この人、車が好きなんだなぁ」

ということだけです。

同じように、何十万円、何百万円もする高級ブランドのバッグを持っている人に対して、妬みのような気持ちを抱く人もいます。

そういう嫉妬心は、お金を遠ざけてしまいます。

がんばって働いたお金で、何を買ってもいいはずですし、あなたもほしいと思えば、もちろん買ってもいいのです。

「清く貧しく」の幻想はどこから来る？

「お金持ちは悪いやつだ」

「お金持ちはズルいことをしている」

そんなネガティブなイメージはどこから来るのでしょうか。


先ほどお伝えしたように、育った家庭環境による影響は大きいです。

私自身、子どもの頃から母親がテレビのワイドショーで芸能人の豪華な暮らしぶりを観るたびに、「お金持ちは最低」と言っていたのを聞いて育ちました。

ごく自然に「お金持ち＝悪い人」という思い込みが芽生えていったのです。


家庭環境以外に、もっと大きな社会的要因もあるように思います。

1983年からNHKで放送され、一大ブームを巻き起こした連続テレビ小説『おしん』では、戦後の混乱を貧しくも清い心で生き抜く人々の姿が描かれています。

子どもが見るアニメでさえ、お金持ちは嫌みっぽかったり、横柄な態度をとったりするキャラクターとして描かれることが少なくありません。

贅沢することは悪いこと。

戦後の貧しかった時代には、そんな風潮になるのも仕方ないでしょう。

ですが、だからといって

「お金持ちは悪いやつだ」ということにはならないはずです。

お金持ちに対して自分がどんなイメージを持っているか。それを振り返ってみることで、自分のなかにある思い込みに気づくことができます。

「幸せなお金持ち」に共通していること

次のページのイラストを見てください。

これは、ものすごくざっくりと、世の中の人を4パターンに分けたものです。

どのくらいのお金持ちか、どのくらいお金がないかは人それぞれですが、世の中には「お金持ちの人」と「お金がない人」がいます。

それと同じく「いい人」と「悪い人」がいます。

「お金持ちのいい人」もいれば「お金がない悪い人」もいるんです。

何が言いたいのかというと、**お金があるかどうかは、いい人・悪い人と関係がない**ということです。

何を当たり前のことを言っているんだと思われるかもしれませんね。

その通り、これは当たり前のことで、みなさん頭のなかではわかっていることだと思います。

「お金持ちは悪いやつだ」

「お金持ちはズルいことをしている」

そんな思いがよぎったときは、ぜひこのイラストを思い出してみてください。

そして、みなさんはこの４パターンのうち、どのカテゴリーに入りたいですか？

もちろん、**「お金持ちのいい人」**ですよね。

だったら、これからそうなっていきましょう。そのための第一歩は、**「お金持ちを好きになること」**です。

「幸せなお金持ち」は福の神に好かれている

先ほどお伝えしたように、私は子どもの頃から、母親の影響もあって「お金持ちは悪いやつだ」という思い込みを持っていました。


テレビで紹介されるようなお金持ちは、極端に誇張されていますよね。

タワーマンションに住み、高級車を何台も持っていたり、男性だったらたくさんの美女に囲まれたり、大金をバーンと一気に使ったり……。

そういうのを見ていると、なんだかいやらしいな、下品だなと拒否反応を示してしまう気持ちもわかります。

そんなふうに誇張されるのは、大袈裟に、わかりやすくしたほうが視聴率をとれるからなのでしょう。

しかし、私が大人になり、リアルで出会ったたくさんの経営者の方やお金持ちの方は、まったくイメージが違っていました。

私が出会ったお金持ちの方々は、**温かくて親切な方ばかり**でした。
与えることが好きで、サプライズで誰かを喜ばせるのが好き。
褒め上手で、ささいなことでも褒めてくれる。
家にも温かく迎え入れてくれ、本当に居心地よく過ごさせてくれる。
そんな方々との出会いが、私のネガティブな思い込みを消し去ってくれました。

「お金持ち」の人は心にゆとりがあり、フレンドリーで、いい人たちが多いということをぜひ知ってほしいと思います。

身近にお金持ちがいなくても、ユニクロの柳井正社長や、ZOZOの前社長・前澤友作氏が、自然災害の被災地に多額の寄付をしているといったことは、少し調べれば情報が出てきます。

私が27歳の頃から18年間敬愛している銀座まるかんの創設者・斎藤一人さんは、日本における高額納税者番付で度々1位になっていた方です。

生涯納税額日本一の一人さんは、「税金をしっかり納めて社会貢献する」という考えをお持ちで、日本の経済に大きな貢献をされています。

「幸せなお金持ち」たちは、**与えたら、それ以上に自分に返ってくるという宇宙の法則**を知っているのでしょう。

それはつまり、彼らが**「福の神」に愛されている**ということ。

自分と関係のない人たちだと思うのではなく、ぜひ、「幸せなお金持ち」を好きになってください。

お金のことが不安でたまらない人

連日のように報道される物価高騰のニュースや、「老後資金は一人2000万円では足りない」「子どもの教育費は一人1000万円」といった数字を聞くと、不安になってしまいますよね。

「そんなお金ない。どうしよう……」と、世間で言われる情報に踊らされてしまうと、福の神どころか、**貧乏神に好かれてしまう**かもしれません。

「お金がない」「お金が足りない」ということにフォーカスする前に、その不安の正体と向き合ってみませんか？

私のカウンセリングの場でも、メルマガに寄せられるコメントでも、お金のことが不安でたまらないという声は本当に多いです。

でも、話をよく聞いてみると、それは「漠然とした不安」であることが少なくありません。足りない、足りないと思い続けているだけで、「いくら足りないのか」はわからないのです。

その不安の正体は、ずばり「わからないこと」です。

老後に必要な資金も、子どもの教育費も、それぞれの家庭で変わってきます。自分の家庭の場合はどうなのか、また、必要なお金だけでなく、今あるお金やこれから得られるお金についても把握しておくと、不安は小さくなっていくはずです。

「お金がほしい」と願っているはずなのに、自分にいくら必要なのかがわかっていないという矛盾に、気づいていただけたでしょうか。

そこにも、お金に対するネガティブな思い込みが隠れているかもしれません。

第4章「お金の整理整頓をする」（178ページ）なども参考にして、お金の「見える化」をし、漠然としたモヤモヤを晴らしてくださいね。

すべてのものが値上がりしているわけではない

確かに、最近はさまざまなものが値上がりしていますが、周りを見渡してみると、**昔と比べて値下がりしているものも少なくありません。**

たとえば、スマホの利用料は大幅に下がり、通話もSNSを使えば無料に。

また、かつてはなかったユニクロなどのファストファッションができたことで、デパートで買っていた時代に比べて洋服も安くなりました。

家で映画を観るのも、音楽を聴くのも、かつてはレンタルショップで借りていたものがサブスクリプションで気軽に利用できるようになりました。

そんなふうに、**安くなったもの、恵まれているものに目を向けてみる**のも福の神に好かれる大事なポイントです。

お金には「意思」がある

あなたの嫌いな人、苦手な人を思い浮かべてみてください。

その人と同じ空間にいたいと思いますか？

たとえば、会社の上司が苦手な場合、その人と二人きりで打合せをする必要があったとしたら……その時間ってすごく苦痛で、なるべく早くそこから去りたいと思いますよね。

苦手な人とは、コミュニケーションを必要最低限にして、なるべく関わらないでおこうと思うのが人の心。


反対に、家族や恋人、仲のいい友人など、大好きな人とはもっと一緒にいたいと思うはずです。

実はそれって、お金も同じなんです。


お金には「意思」があります。

急にそんなことを言われても……と思われるかもしれませんが、これは、日本一のお金持ちである斎藤一人さんも言っていることです。

私もこれまでの実体験やたくさんのお客様を見てきて、これだけは自信を持って言えます。

お金には、私たちと同じように意思があるんです。

だから、**お金は自分を大切にしてくれる人が大好き。**

あなたも、やさしくしてくれる人のそばにいたいですよね？

思い込みから、無意識にお金を嫌っているとしたら、お金が遠ざかってしまいます。

普段から、お金を大切にしていますか？

お金との関係も人間関係と同じということを覚えておいてください。

知らぬ間にたまっていく「金毒」とは？

節約をしても、全然お金が貯まらない。

お金が入ってきたと思ってもすぐに出ていってしまう。


そんな人は、もしかしたら、**「金毒《ごんどく》」**がたまっているのかもしれません。


「お金の毒」と書いて金毒。

字面からしても恐ろしい気がしますが、これは、風水でいう、お金についてくる悪い気のこと。

ウイルスのように増殖し、人間にとりついて金運を食い荒らしてしまうといわれています。恐ろしいですね！

金毒は、お金の悪口を言ったり、人を妬んだり、お金を使うことを極端に避けようとしたりすることで、どんどんたまっていってしまいます。

先ほど、お金の情報に踊らされることで貧乏神に好かれてしまうというお話をしましたが、まさに、**金毒がたまっている状態は貧乏神に好かれている状態**のこと。この状態では、たとえお金が入ってきても「幸せなお金持ち」にはなれません。

福の神に好かれ、幸せなお金持ちになるには、まず金毒を浄化する必要があります。

浄化方法は第2章で詳しくお話ししますが、がむしゃらに金運アップ法を試すまえに、「もしかしたら金毒がたまっているのかも？」と気にするようにしてみてください。

まずは気づくことが第一歩です！

福の神と貧乏神、あなたのそばにいるのはどっち？

先ほどから「福の神」「貧乏神」という言葉が登場していますが、これはどういう存在なのでしょうか。

ここで一度整理してみましょう。

- 幸せとともに金運を授けてくれる神様。
- お金を大切にしてくれる人の元へやってくる。
- 「感謝」されると大サービスをしてくれる。
- 楽しいこと、感動すること、美味しいものが大好き。
- 人を幸せにするお金の使い方をすると、何倍にもして返してくれる。

- 宇宙貯金（85ページ）がたまっていると さまざまな形で換金してくれる。
- 掃除が行き届いた部屋が好き。水回りが汚れていると住めない。

貧乏神

- 金運を奪い、人を不幸にしてしまう存在。
- お金の悪口を言う人が大好き。
- 人からお金を奪うのが仕事。
- 極端にお金を使わない人のところに居座っている。
- 妬みや嫉妬心の強い人の元へやってくる。
- 汚れた部屋を好み、水回りに汚れがたまっていると喜ぶ。

あなたのそばにいるのは、福の神と貧乏神、どちらでしょうか？

覚えていてほしいのが、たとえお金持ちでも、貧乏神に好かれてしまっている人は存在するということです。

たとえば、こんなケースが考えられます。

自社の利益だけを追求し、すべてを犠牲にしてお金を稼いだ結果、家族という何より大事なものを失ってしまった経営者。

ギャンブルで大金を稼いでも、すぐにまた大金をつぎ込んでお金を失ってしまう人。

自分が本当にほしいものではなく、見栄を張りたい、自分をよく見せたいという思いで次々とブランド品を買い漁ってしまう人。

宝くじで高額当選しても、不幸になってしまう人がいるのは、貧乏神に好かれた状態だったからといえるでしょう。

たとえ今はお金がなくても、福の神に好かれる習慣を身につけていけば、福の神はあなたの元に舞い降りてくれます。

福の神に好かれる「幸せなお金持ち」へのステップとしては、まず貧乏神を追い出し、それから福の神を呼び寄せていきます。

第2章では、貧乏神を徹底的に追い出す方法についてご紹介していきます！

第1章まとめ

○ まずは、自分の中にあるお金の「思い込み」に気づくことが大事！

○ お金は自分を大切にしてくれる人が好き。
日頃の行動を振り返ってみよう。

○「幸せなお金持ち」を想像してワクワクしてみよう。

○ 福の神と貧乏神、それぞれの特徴をよく知っておく。

ここまで読んで、気づいたことを書いてみましょう。

第2章

金毒を浄化して貧乏神を遠ざける方法

知らないうちに金運が食い荒らされている？

思うようにお金が入ってこない。

お金が入ってきてもすぐに出ていってしまう……。

そんな人は「金毒」がたまっているかもしれないというお話をしました。

金運を食い荒らしてしまうという金毒。

お金と金毒は表裏の関係にあり、お金を貯めようという気持ちが強ければ強いほど、金毒もたまりやすくなるという特徴があります。

なんだかもどかしいですね……。


つまり、「幸せなお金持ち」になるには、金毒を浄化しながらお金を貯めていく必要があるのです。ここで改めて、**金毒がたまりやすくなってしまう5つのこと**を見ていきましょう。

1……お金に対する悪口

お金の悪口や、お金持ちを否定する言葉を言うと、金毒がここぞとばかりに寄ってきてしまいます。

2……「お金がない」という口グセ

「今月もお金がなくて嫌になっちゃう」「今月も赤字だ」などの言葉が口グセになっていませんか？　その習慣も金毒をどんどんためこんでしまいます。「うちは貧乏だ」「貧乏ひまなし」なんて言葉は、たとえ冗談でも言わないことをおすすめします。

3……妬みや嫉妬

妬みや嫉妬は、風水の「火」や「水」の気が悪いものに転じると生まれる感情だとされています。この感情があるだけで、金毒が増殖していきます。

また、妬みや嫉妬心の強い人のそばにいるだけでも、悪影響を受けてしまうといわれており、注意が必要です。

いつも誰かをひがんだり、悪口を言ったりしている人からは、できるだけ距離をとりましょう。

4 貯金だけが生きがい

貯金すること自体は大切ですし、貯金があることで安心感を得ることができます。ただし、お金を循環させずにひたすら貯めている人は要注意。

お金は、循環させることで増えていくものです。喜びのために気持ちよく使っていきましょう！

5 水回りのカビ・汚れを放置

水回りはもっとも金毒が生まれやすい場所です。金毒は水回りのカビや汚れが大好物。水回りは、少し掃除をサボると、どんどん汚れが広がって不衛生になってしまいます。そうなると、あっという間に金毒が増殖してしまうことに……。排水口などの見えない部分まで、常にきれいにしておくようにしましょう。

雑菌が繁殖すると金毒もたまってしまうため、キッチンで使うスポンジやまな板は頻繁に消毒が必要です。また、生ゴミの臭いも金毒のエサになるのでこまめに処理をしてください。

気づかぬうちに、金毒がたまりやすいことをしていませんでしたか？

これらをやめることで、金毒がたまるのを防ぐことができます。

私のお客様に「今月もお金がなくて……」が口グセになっている方がいました。その口グセをやめ、**「今月も家賃が払えて、ごはんが食べられてありがたいな」**という口グセに変えるようおすすめしました。口グセを意識して変えた結果、その方は趣味の懸賞でお米や旅行などの当選を連発するようになりました。

さらに、義理の両親から年間110万円の生前贈与を毎年受けられること
になったそうです。
すごいですよね！
「私は金毒がものすごくたまっていたのですね……。お金の悪口は怖くても
う言えません！」とおっしゃっていました。

効果テキメン！ 金毒の浄化方法

「金毒がたまりやすいことをしていたかも……」と気づいたら、その習慣を今すぐやめてみてください。

そのうえで、次のステップとしてやってほしいのが**金毒の浄化**です。浄化によってあなたの元から貧乏神が去り、金運が劇的にアップしていきますよ！

金毒の浄化には、次のような方法が効果的です。

1 家族や友人におごる

金毒は、自己中心的な人が大好きです。反対に、人のためを思って行動する人には寄りつきません。

人のためにお金を使う。つまり、人におごったり、またはプレゼントしたりすると、受け取った人も笑顔になりますし、自分もうれしい気持ちになりますよね。

喜ばれることにお金を使うのが、最高のお金の使い方です。金毒もどんどん流れて消えていきます。

2……自分へのご褒美を買う

お金がないからと厳しく節約をし、ほしいものややりたいことを我慢している人はいないでしょうか。

気持ちよくお金を使うことで、金毒は浄化されていきます。

仕事や家事をがんばったとき、何かを達成したときには、ぜひ自分にご褒美を買ってあげてください。自分で自分をねぎらってあげましょう。

3……寄付や募金をする

人におごったり、プレゼントをしたりするほか、「寄付」や「募金」にも大きな効果があります。

寄付や募金をすることで、「私は誰かの役に立っている」と実感することができます。その感情が金毒を浄化するのです。

大金である必要はなく、可能な範囲で、少額でも効果は抜群です！

寄付・募金先は、自分が共感できる活動をしている団体など、「この人たちの役に立ちたい」と思えるところを見つけてみてください。

コンビニやスーパーなどにある募金箱にお釣りの小銭を入れるといったこともおすすめです。

4 塩風呂に入る

私はよく塩風呂に入るのですが、体がポカポカと温まり、デトックスできるのを実感します。

塩には浄化作用がありますので、塩風呂に入ることで金毒を浄化することができます。

できれば、岩塩などの天然の塩を選びましょう。

また、たまには赤ワインや日本酒などのお酒をお風呂に入れるのもおすすめです。

赤ワインは豊かさの象徴。「金」の気を活性化させ、金毒を追い出すことができます。

日本酒はお清めにも使われるように、浄化効果の高いお酒です。お風呂に入れることで、金毒をはじめ、ためこんだ邪気を浄化してくれます。

いろいろな金運アップ法を試す前に、まずはこれらの方法で金毒の浄化をしてみてください。

びっくりするほどお金が舞い込んでくるようになりますよ！

「ある」に目を向ける

金毒がたまり、貧乏神に好かれている状態だと、「足りないもの」「ないもの」にばかり目がいくようになります。

・今月もお金がない。
・自分には才能がない。
・あの人に比べて魅力がない。

など。すると、いつまでたっても満たされず、生きがいが感じられません。

私は20代の頃、どん底の貧乏生活を送っていました。

いつもお金がなく、家賃３万８０００円のアパートに住み、パートナーもいない。母親の病気をきっかけに、会社勤めを辞めてフリーターになり、介護をしていました。「ないもの」で頭がいっぱいで、人生に希望を持てずにいたのです。

その状態から抜け出すきっかけになったのが**「感謝すること」**でした。

斎藤一人さんの本や心理学博士・小林正観さんの教えで、感謝の大切さを学んだことで、人生が大きく好転しました。

「ないもの」にばかり目がいっていると、感謝することができません。ですので、**「あるもの」に目を向ける練習をしてほしい**のです。

住む家がある。着る服がある。ごはんが食べられる。友人とたまに飲みに行ったりできる……。

こんなにもさまざまなものが「ある」。そしてそれらに感謝できたとき、**金運が流れ込む土台**ができあがります。

「ない」ではなく「ある」を意識してみてください！

「お金を生み出す力」が弱まっていませんか？

みなさんは、「托鉢《たくはつ》」ってご存知でしょうか？

笠をかぶった僧侶がお椀を持って街角に立ち、お経を唱えて、道ゆく人からお布施を受け取る修行です。現在では見かけることが減りましたが、今も行っているお寺はあります。

この托鉢について、小林正観さんからこんなお話を聞きました。

托鉢は２５００年ほど前に、お釈迦さまが初めて考えたといわれています。

お釈迦さまは１２５０人の弟子たちとともに、竹林で共同生活を送っていたのですが、ある日、神様からインスピレーションを授かったということで、弟子たちにこんな話を始めました。

「明日から托鉢というものをやりたいと思う。みんなでお椀を持ち、民家を回ろう。だから今日、どこかでお椀を手に入れてくるように」

そして翌日。托鉢に出る前にお釈迦さまはこう言いました。

「一つ重要なポイントがある。托鉢をするときに、お金持ちの家を回ってはならない。貧しい人々の家を回って托鉢をしてきなさい」

弟子たちは驚き、

「お師匠様、それは言い間違いですよね？　貧しい人々の家を回ってはならない。お金持ちの家を回りなさいと言いたかったのですよね？」

と聞きました。しかし、お釈迦さまは、

「間違って言ったのではない。もう一度言う。お金持ちの家を回ってはならない。貧しい人々の家を回って托鉢をしてきなさい」

弟子たちは不思議がり、その理由を聞きました。

「貧しい人々は、自分が貧しいために人に施しができないと思い、今まで施しをしてこなかった人々だ。そのために苦しんでいる。その苦海から救ってあげるために托鉢行に出かけるのです」

この話、私は非常に大きなショックを受けました。

「自分には財力がないから施しができない」と思ってきた人は、**施しをしなかったがゆえに、財が入ってこなかった**のです。

自分でお金を生み出す力が、極端に弱くなっていたということですね。

私自身もここでいう「貧しい人」の立場だったからよくわかります。

20代のどん底時代。コンビニ店員だった私の時給は780円。本当にゆとりがありませんでした。

その頃、駅などで子どもたちが「募金してください」と呼びかけていることがありましたが、その姿を見るたびに、「お金をもらいたいのは俺のほうだ」みたいなことを心のなかで思ってしまっていたんです。

自分には財力が「ない」から、施しが「できない」。

先ほどお話しした、ないものばかりに目が向いている状態ですよね。まさに、貧乏神に好かれている状態です。

お釈迦さまは、貧しい人々がこの貧乏のループから抜け出すきっかけを与えていたのです。


このお話を聞いた1週間くらいあとに、私は街で、托鉢の僧侶に出会いました。そのときの私にはまったく金銭的なゆとりはありませんでしたが、財布から500円玉を取り出して、僧侶のお椀の中に入れました。

かなり、勇気のいる行動でしたよ！

私が手を合わせると、僧侶は「チャリーン」と鈴を鳴らしてくださいました。その瞬間、心のなかにあったモヤモヤが消え、晴れ晴れとした気持ちになったことをよく覚えています。

托鉢には、僧侶たちの修行という面だけでなく、私たちが徳を積む機会を与えてくださっているという面もあります。

わざわざお寺から降りてきて、普段忙しくてなかなか参拝できない人たちのために、出張してくださっているようなものなのです。

私にとって、この正観さんのお話と、托鉢の僧侶へのお布施の経験は、お金に対するマインドが変わった大きなきっかけになりました。

与えたものが受け取るもの。
それが宇宙の法則です。

先に施しありき。まず自分が先に、人に喜ばれるようにお金を使っていくということですね。

金毒の浄化法としても紹介しましたが、「施し」は、今でいう寄付や募金です。できる範囲で、小さな金額からでいいので、始めてみませんか？

お金を使わない人がはまってしまう落とし穴

先ほど、貯金だけが生きがいで、お金を使わないということに躍起になっていると、金毒がたまってしまうというお話をしました。

この場合も、気づかぬうちにお金を生み出す力が弱くなってしまうので要注意です。

ムダづかいをしないこと、節約することは自体は大事なことですが、お金の流れをストップさせてはいけないのです。

どんどん豊かになっていきたいならば、**お金をきちんと循環させる**ということが大切です。

「自分のためにお金を使えない」という大問題

「与えたものが受け取るもの」

その与え先は、他人だけとは限りません。

自分のために与えるものも同様です。

最近、自分のために何かお金を使いましたか？

私はカウンセラーとして、多くの方とお話ししてきましたが、「自分のためになかなかお金を使うことができない」という方は本当に多いです。

子どもやペットのためにはお金が使えるのに、自分のためには使えない。

自分の物は、ほしいものより安いものを選んでしまう。

貯金はたくさんあるのに、自分のために使えない。
贅沢するのは悪いことだと思ってしまう。

このように、自分をあと回しにしたり、ないがしろにしたりしてしまうのです。

誰かのためにお金を使うことも素晴らしいことですが、**「大切な自分のため」**にお金を使っていきませんか？

あなたが自分自身のために使うお金は、あなたの元に必ず返ってきます。
お金の使い方の一例としては、
外食に行ったら、本当に自分が食べたいものを注文する。
疲れたと思ったら、マッサージなどに行って癒やされてみる。
これが学びたい！　と思ったら自己投資をして学ぶ。
自分の外見を整えるために、美容院に行ったり、服や小物を買ったりする。

たまには旅行に行って贅沢をしてみる。

こんなふうに自分のためにお金を使ってみましょう。

あなたはもっともっと、幸せになっていいんです。

大切な自分のために、大切なお金を使いましょう。

お金は、循環するなかで増えていきます。

豊かさの流れをストップさせてしまわないよう、誰かのためだけでなく、自分のためにもお金を使ってみましょう。

お金は、幸せになるための一つの手段です。それを覚えておいてくださいね。

お金は「エネルギーの交換」で増えていく

募金活動をする子どもたちを見て「お金をもらいたいのは俺のほうだ」なんて思っていた、過去の私もそうでしたが、

「ただでもらいたい」

「誰かに救ってもらいたい」

「やってもらって当たり前」

というように、相手に求めるマインドが強すぎると、当然ながら、豊かさはやってきません。

「クレクレ星人」という言葉もありますが、

自分はお金がないから、誰か支えてクレ。

自分は無力だから面倒を見てクレ。

私を幸せにしてクレ。

それは、先ほどもお話したように、自分の「足りないもの」「ないもの」にばかり目が向いている状態。経済的なことだけでなく、心にもゆとりや豊かさがなくなってしまっているといえます。

まさに貧乏神に好かれている、そんな状態を抜け出すには、「与えるものが受け取るもの」という宇宙の法則に従うこと。テイク・アンド・ギブより**ギブ・アンド・テイク。**

与えるのが先で、受け取るのはあとということになります。

損することを極端に嫌う人たち

そこまでほしいわけではないものを「値引きされているから」という理由で買う。

「大安売り」と聞くと買わないと損だと思う。

ほしいものがタイミングよく値引きされていたら、「ラッキー」だと思って買うのは、まったく問題ないと思います。

でも、お金を支払うことを「損すること」だと思い、支出を減らすことで頭がいっぱいだと、豊かさはいっこうにやってきません。

豊かさは、気持ちよくお金を循環させる対価としてやってきます。

気持ちよくお金を払うことで、自分と相手との間にエネルギーの交換が起こり、福の神が住みつく土台が築かれていきます。

子どもの頃のお金のエピソードを思い出してみる

第1章では、自分のなかにある、お金に対するネガティブな「思い込み」に気づいてもらうところまでをやりました。

ここでは、もう少しだけ**その思い込みを見つめる**、ということをやってみたいと思います。

子どもの頃のお金に関するエピソードを思い出してみてください。

この本の冒頭でやっていただいたチェックリストで、チェックがついた項目を中心に、そのときの気持ちや、具体的なエピソードを可能な範囲で振り返ってみましょう。

子どもの頃、家庭の中でお金の主導権を握っていたのは父親・母親どちらでしたか？

親がよく言っていた、お金についての口グセはありましたか？

お金に関することで、何か我慢してきたことはありますか？

強く印象に残っているお金のエピソードはあるでしょうか？

- **「おこづかいを上げてほしい」と言ったら、すごく怒られたなぁ。**
- **「どうしてうちにはお金がないの？」と聞いたら悲しい顔をしていたなぁ。**
- **友達が持っているゲーム機を買ってもらえなくて辛かったなぁ。**
- **今思えば、親は家庭を守ることで精いっぱいだったんだろうなぁ。**

など。もちろん、無理にネガティブなことを思い出す必要はありません。

- **一生懸命働いて、大学まで行かせてくれて感謝しかないなぁ。**

そんなポジティブな思いでもOKです。

自分の気持ちだけでなく、親の気持ちも想像してみるのもいいですね。

私のカウンセリングでは、ネガティブな思い込みの解除のため、辛い思い出を紙に書き出して、ビリビリにやぶって捨てるというのを定期的にやっていく方法をお伝えしています。

ですが、**無理は禁物**です。

自分の心の奥深くに触れることになるため、とてもセンシティブなテーマでもあります。

実際、私のカウンセリングでもじっくり時間をとって向き合うテーマですので、もしも、辛くなってしまう場合は、深掘りするのはやめておきましょう。

今はそのときではないのかもしれません。時間を置くことで、深く見つめられるようになることもあります。

もうすぐ急激に金運がアップする前兆がある！

金毒の浄化が進むと、あなたを取り巻くお金の流れが変わり始めます。

すると、わかりやすい前兆が表れるのです。

それは、**お金をよく拾うようになる**ということ。


第1章で、普段私がよくお金を拾うということをお話ししました。

「お金と目が合う体質」という言い方をしましたが、まさにそれがサイン。

そのほかにも、急激に金運がアップするときには、次のような前兆が表れるといわれています。いずれも、私のお客様が実体験しています！

1 縁起のいい生き物を見かける

たとえばてんとう虫やアゲハ蝶、カエル、ヤモリ、亀など。

自営業を営んでいる男性のお客様の話ですが、ある日、部屋の天井からボトッと何かが落ちてきて、驚いて見るとヤモリだったそうです。窓を開けて部屋から出してあげたそうなのですが、程なくして、８ケタを超える大型のコンサル契約が決まったとおっしゃっていました。

2 龍雲を見かける

龍雲は、その名の通り、龍のように見える雲。明確な定義はありませんが、自分がそう感じれば龍雲です。

龍雲は、龍神様の化身。さまざまな幸運をもたらしてくれる龍神様ですが、特に金運を授けてくれるといわれています。

「龍雲を見たので、宝くじを買ってみたんです」という女性のお客様は、なんと３００万円の当選を果たしました。

あなたが気づかないだけで、頭上に龍雲が現れているかもしれませんよ！

3 観葉植物がよく育つ

運気の流れが整うと、家全体にいい気が流れます。すると、観葉植物がすくすく育ち、元気いっぱいに。これが金運アップの前兆です。

急に観葉植物がよく育つようになったというお客様は、祖父母から「子どものために使って」と予期せぬ200万円もの大金をもらったそうです。

4 動物を助ける

迷子の猫を保護する、巣から落ちた雛鳥を助けるなど。先ほどの「ヤモリを家から出してあげた」というのもその一つですね。

あるお客様が散歩の途中、池から鯉が飛び出してしまったようで、岸で飛び跳ねているのを見つけたそうです。池に戻してあげたところ、1カ月後、管理職への昇進があり、大きく収入がアップしたと教えてくださいました。

動物だけでなく、昆虫なども同様です。

家に入ってきた虫を外に出してあげたり、車に轢かれそうな場所にいる虫を木のそばに移動させてあげたり。

小さな虫も、恩返しに来てくれるかもしれませんよ！

5 洋服を裏返しに着てしまう

実は私、よく裏返しに着てしまうことがあります（笑）。そのときはとても恥ずかしいのですが、これも金運アップの前兆だといわれています。

「ワイシャツを裏返しに着たまま仕事に行ってしまいました……」会社の同僚に指摘されて恥ずかしい思いをしたというお客様がいましたが、数日後のボーナス支給日、金額が大幅にアップし、過去最高額だったそうです。


当てはまるものはありましたか？

ピンときたら、「これから金運が上がるぞ！」と潜在意識に刷り込み、自己暗示をかけることも大事です。

ワクワクする気持ちが金運を引き寄せます！

第2章 まとめ

- 金運を食い荒らしてしまう「金毒」がたまりやすい行動をやめる。
- 次のステップとして、金毒の浄化法を実践する。
- 宇宙の法則では「与えたものが受け取るもの」。
- 金毒の浄化が進むと、金運アップの前兆が訪れる！

ここまで読んで、気づいたことを書いてみましょう。

第3章

福の神に好かれる「お金持ち思考」のレッスン

お金は幸せを運んできてくれる天使

金毒の浄化をマスターしたあなたの周りは、貧乏神からすると、とっても住みにくい環境に変わってきています。

きっと今頃、あなたの元から逃げ出す準備をしているはずですよ！

ただ、金毒は油断をすると、ジワジワとたまってしまいますので、第2章でご紹介した「金毒がたまりやすいことをやめる」「金毒の浄化をする」この2つを普段から心がけるようにしてください。

だんだんと、金毒がたまりにくい体質になっていきます。

この章では、**幸せなお金持ちへと導いてくれる「福の神」**を呼び込む方法・考え方についてご紹介していきます。

福の神と相思相愛になれる魔法

まず、福の神と相思相愛になれる、とっておきの魔法をお伝えします。

これは、誰でも、いつからでも使える魔法です。

それは、**「お金は幸せを運んできてくれる天使」**だと思うようにすること。


何を急に？　たったそれだけ？　と思われるかもしれませんが、「お金が幸せを運んできてくれる」というのは事実ですよね。

「あの洋服がほしい」と思ったとき、その洋服が手に入るのはお金のおかげ。

「温泉旅行に行きたい」と思ったとき、実際に行けるのはお金のおかげ。

お金があるから、豊かさを享受できる。

お金は本当に便利で、素晴らしいものです。

そんなお金を**「天使」と呼ぶ**のがこの魔法のポイントです。

あなたを幸せなお金持ちに導いてくれる存在が「福の神」だとしたら、お金は「福の神の使い」のイメージ。

あなたの元にやってきて、現実に幸せな出来事をもたらしてくれます。

とても簡単な方法ですが、これはすごく効果があるんです。

私のお客様に、夫婦で共働きをしていて収入もあるけれど、ちっともお金が貯まらないという女性がいました。

よく話を聞いてみると、お金に対するネガティブな思い込みがかなり強く、「お金は災いのもと」「お金は汚いもの」など、長年にわたってお金を悪いものだと考えてきたということがわかりました。

このように考えている限り、お金から好かれることは絶対にありません。

そこで、私は先ほどの金毒の浄化法と「天使」の魔法を繰り返し、何度も何度も会話のなかでお伝えしました。

やがて、その方は自分のお金に対するイメージを変えていかれました。

それとともに、貯金が増え続けていったのです。

「大きく生活を変えたわけではないのに、通帳にどんどんお金が貯まっているんです。先日、初めて8ケタの金額が貯まり、うれしくて仕方ありません。『お金は幸せを運んできてくれる天使』と思うようにするだけで、こんなにもお金から愛されるのですね」

と喜びのメールが届きました。

お金は幸せを運んできてくれる天使。

そう思っていれば、お金のことを間違いなく大切に扱うようになります。

それこそが、魔法の正体です。

・天使の住む場所、つまりお財布をきれいに、丁寧に扱うようになる。
・お金があるから幸せに生きられるのだと感謝するようになる。
・お金を不必要にため込むことなく、使うことが上手になる。
・お金を受け取るときだけでなく、支払うときにも感謝できるようになる。
・自分の幸せや人の幸せのためにお金を使うことができるようになる。

この魔法を日常で意識するだけで、現実が実際に変化していきます。

もしも、「天使」よりあなたがピンとくる存在、大切に思える存在（たとえば「大黒様」など）があるのなら、ご自身で変えていただいても構いません。

お金を大切に思う気持ちが魔法になります。

お金が減ることが怖くなくなる考え方

お金を使えば、お金は減ります。

当たり前のことですが、私にはそのことが怖くて仕方ない時期がありました。

それは、20代半ばの貧乏時代。普通に生活しているだけでお金が減っていくということが怖くて、食べものを買うことさえ惜しくなるほどでした。

当時の私のように、お金が減ることが不安、貯金が減ることに罪悪感を覚える……そんな人に知っていただきたい意識チェンジ法が２つあります。

１　「受け取っているもの」に意識を向ける

お金を使えばお金は減る。そんな当たり前のことに、どうしてネガティブな感情を持ってしまうのでしょうか。

それは、

「減っていく」という一つの側面しか見ていないからです。

スーパーで買い物をするとき、お米や野菜、肉などの商品をレジに持って行き、お財布を出してお会計します。

一つの側面しか見ていない人は、「ああ、お金が減ってしまう」というネガティブな感情を買い物のたびに感じてしまうことになります。

そうではなく、お金を支払うことによって、お米や野菜、肉などを**「受け取っている」**ということにもっともっと意識を向けてほしいのです。

お米や野菜、肉は、**お金と交換した「恵み」であり、「豊かさ」**です。

減っているだけではなく、受け取っているものもちゃんとあるんです。

それらの恵みに対して「ありがたいなぁ」と思ってみる。

すると、お金を使うことへの不安や恐怖は少なくなっていくと思います。

買い物をするたびにネガティブな気持ちを抱くか、ポジティブな気持ちを抱くか……。

この積み重ねが潜在意識に与える影響は、大きいですよ！

2 お金を循環させるという概念

「お金を使う」と考えるのをやめて、**「お金を循環させる」**と考えるようにしてみてください。

ちょっとした言葉の違いに見えますが、意識は大きく変わってきます。

「お金を使う」と「お金が減る」。この2つは切り離せるものではありませんよね。

ですが、「お金を循環させる」という考え方なら、出したものがまた戻ってくるという意味になります。
お金を出すことによって、ブーメランのように自分の元に戻ってくる。
そんなイメージを持てますよね。

2つの考え方を紹介しましたが、どちらかしっくりくるほうを試してみてください。
もしくは、併せ技で使うのもおすすめです。
たとえば、お金を支払って買い物するたびに、

「豊かさがやってきた」
「豊かさを循環させよう」

そんなふうに思えたら、お金が減っていくという心配や不安、恐れはかなり小さくなると思います。

あなたのそのがんばりは「宇宙貯金」としてたまっています！

「あなたには、しっかりと宇宙貯金がたまっていますよ」

これは、24歳から27歳までの3年間、仕事を辞めて母の介護をし、毎週のように心療内科への付き添いを続けていた私に、小林正観さんがかけてくれた言葉です。

辛い期間ではありましたが、見捨てることなく、母親がよくなるまで寄り添い続けたこと。それを正観さんに伝えると、

「お母さんを見捨てずに、偉かったですね。その間にあなたには、しっかりと宇宙貯金がたまっていますよ」

そんな言葉を贈ってくださいました。正観さんのその言葉で、救われたような気がしました。

——。

宇宙貯金をためるために覚えておきたいこと

「宇宙貯金」ってなんのこと？　という方もいらっしゃるかもしれません。

簡単に言うと、目に見えないエネルギーのことです。

「徳を積む」という言葉がありますよね。

徳とは、**人知れずする、見返りを期待しない善い行い**のこと。

積み重ねた徳は、目には見えないエネルギーとなり、必ず自分に返ってくるといわれています。

つまり、徳を積めば、宇宙貯金がたまるということです。

あなたの周りに、何をやっても不思議とうまくいく人はいませんか？

その人は、無意識かもしれませんが、宇宙貯金がものすごくたまっている可能性があります。

宇宙貯金、ためていきたいですよね！

目に見えない宇宙のエネルギーをためやすくするために、次のポイントをチェックしてみてください。

1……自分も人も幸せにする

人を喜ばせる、人の役に立つ。それは、宇宙貯金をためる基本ともいえるものですが、自分を犠牲にしないことが大事です。

いくら人の役に立っていても、自分をないがしろにしていると、なかなか宇宙貯金はたまりません。「自分も相手も幸せに」を頭に入れておきましょう。

2……不平不満を言わない

誰かの悪口を言ったり、何かと愚痴を言ったりしていると、周りにネガティブな影響を及ぼしてしまいます。

宇宙貯金をためるには、不平不満を言わないこと。

ですが、気持ちにフタをして、何がなんでも我慢しなければならないというわけではありません。

重要なのは、ところ構わず、不平不満を言いまくるのをやめること。**ネガティブな感情はノートに書き出す、信頼できる人に聞いてもらうなどの方法で吐き出しましょう。**

3……人が育つ場所をつくる

何かの教室やオンラインサロン、セミナーなど、人に教える・育てる場所をつくることで宇宙貯金はたまっていきます。

自分が人を育てるなんてハードルが高いと感じるでしょうか。

たとえば、ＹｏｕＴｕｂｅやＳＮＳ、ブログなどで、**自分が学んだことをシェア**するだけでもいいのです。ぜひ、自分の興味のあることを発信していきましょう。

「日々の信用を積み重ねること」でも、宇宙貯金はたまっていきます。

つまりそれは、**誠実に、一生懸命生きていくこと。**

今、辛い思いをしていたり、理不尽な目に遭っていたりする方もいらっしゃるかもしれません。

自分を犠牲にしないことが大事ですので、そこから逃げることも必要だと思います。

でも、逃げられない、耐えなければいけないときは、**「今ごろ、宇宙貯金がたまっているぞ」**と考えれば、希望が持てるのではないでしょうか。

私は、辛かったあのときのことをムダだったとは思いません。

宇宙貯金をたくさんためられたのですから。

カウンセラーになることができたのは、それを今、ありがたいことに〝換金〟できているからなのかもしれません。

「与え上手な人」に福の神はほほえむ

私は大学生の頃、引っ越しのアルバイトをしていた時期がありました。

アルバイトに行くときは、とあるバイト仲間とその日同じ現場か、そうでないかがとても気になっていました。

その彼（Aくん）と同じ現場だと、いつもうれしいことがあったんです。

なぜかというと、Aくんはいつも、現場に来る前に洋菓子店のコージーコーナーに寄って、みんなの分のシュークリームを買い、全員に配っていたからです。

現場にはいつも、アルバイトと社員の人を含めて10〜15人くらいの人がいました。

当時は1個100円のジャンボシュークリームを全員分。

おそらく、毎回1500円分くらいは支払っていたのではないでしょうか。

同じ大学生のAくんにとって、アルバイトの時給より高いその金額は、決して安いものではなかったはずです。

Aくんはいつも感じがよく、常に、人が喜ぶことをしようとする**「与え上手な人」**でした。

シュークリームをくれるから……というわけではなく、私も含めて、みんな彼のことが好きだったんです。

その後、彼は就職活動の末、日本でもトップクラスの総合商社に入社しました。

やっぱり、こういう会社には、こういう人間が入るんだな……とすごく納得したことを鮮明に覚えています。

面接で「私はアルバイトでシュークリームを配っていました」なんて、彼が言ったわけではないと思います。

でも、「みんなに喜んでもらいたい」という彼の生き方は、表情や仕草、たたずまいからにじみ出ていたのでしょう。

いつも、自分にできることはないかと考え、行動に移してきたAくんは、大学生当時、特にお金持ちというわけではありませんでした。

でも、間違いなく**福の神に好かれていた人**でした。

見返りを期待することのない行動が、徳を積むことにつながります。

Aくんには、**宇宙貯金がたっぷりとたまっていた**ということですね！

与えたら、宇宙から3倍返し

与えたものが受け取るもの。

それが宇宙の法則だというお話をしてきました。

自分から先に与えたものは、自分に返ってくる。

お金も幸せも喜びも、「循環する」のは同じですね。

宇宙の法則では、**与えたものは3倍になって返ってくる**といわれています。

つまり、自分が与えたものより、もっともっと大きな恩恵が返ってくるということです。

前項でお話ししたＡくんは、与えたシュークリーム代の何千倍もの金額を今ごろ稼いでいることでしょう。

ただし、大事なポイントがあります。それは、

目の前の相手から返ってくるとは限らない。

ということです。

誰かのために、一生懸命何かをしてあげても、その人からお返しがあるとは限らないのです。

返ってくるのは「別のパイプから」とよくいわれています。

ですので、目の前の相手からお返しがなくても、「こんなにやってあげたのに」なんて、文句を言うのはやめましょう。

福の神は、「与え上手」な人が大好きです。

安心して、ただ純粋に自分から先に与えることを続けていれば、どこかから3倍になって返ってきます。

毎月の税金、どんな気持ちで払っていますか？

所得税や住民税、消費税……日本にはいろいろな種類の税金があります。

みなさんは、どんな気持ちで払っていますか？


「今月も給料からこんなに引かれている……」

「せっかく給料が上がったのに、税金も上がってしまって悲しい」

「消費税も払わなきゃいけないなんて、嫌だなぁ」

こんなふうに、マイナスな気持ちで払っている方も多いのではないでしょうか。


私のお客様に、シングルマザーのある女性がいました。

その方は離婚後、国から児童扶養手当を受け取っていました。

金額は年間50万円ほど。10年間支給を受けていたため、総額500万円ほど受け取ったことになります。

当時、生活のため、子どものために使えたその手当が非常にありがたかったものの、本音では、

「もっともらえたらいいのに」

と思っていたそうです。

でも、その後、個人事業主としての仕事が軌道に乗って所得税が上がり、

「こんなに払いたくない」

と思ってしまったそうです。そこでハッと気づいたのです。

「私はなんて自分勝手なんだろう」

と……。自分が困っているときには「もっとほしい」と不満を抱き、自分が払う側になったときには、「奪われている」ような気持ちになって。

自分の器の小ささを目の当たりにし、そこから意識が変わったとおっしゃっていました。

「これからは、たくさん稼いで、たくさん気持ちよく納税していこう」

そう思えてから、まるでスイッチが入ったかのように仕事が順調になり、その方は、現在『マインドコーチYUKO』として活躍しています。

きっと、その瞬間に福の神が彼女のもとに舞い降りたのでしょうね。

ご自身の書籍を出版されたほか、年収は億を超え、再婚もして公私ともに充実した日々を送っていらっしゃいます。

――。

嫌々払うか、気持ちよく払うか

日本には納税の義務があります。嫌々であろうが、支払わなければなりません。どうせ払うのなら、気持ちよく払ったほうがお得だと思いませんか？

税金を払いたくないと思うことは、「お金が減ることが怖くなくなる考え方」（81ページ）でもお話したように、お金が「減っていく」という一つの側面しか見ていないことになります。

自分が払った税金は、生活に困っているシングルマザーの方の手当になる。

公共の道路や橋を修繕する費用、暮らしを守ってくださる公務員の方のお給料になる。

それは、自分が困ったときに手を差し伸べてもらえることにもなります。

そう思えば、**「豊かさを循環させている」**と考えられないでしょうか。

私はいつも、そんなふうに考えて納税しています。

「今月もしっかり稼げて、税金が払えてありがたいな」

どんな気持ちで納税するかが、潜在意識に与える影響も大きいです。

売り上げが上がり、利益が大きくなることで、税金の金額は増えていきます。

つまり、**「税金を払いたくない」と思っていると、売り上げや利益がどんどん縮小してしまう現実を引き寄せる**ことになります。

「たくさん稼いで、たくさん納税しよう」

そういう気持ちになれたとき、大きな豊かさが流れ込んできます。

たまに、政治家や公務員の話を持ち出して「私たちが払った税金を裏金なんかの悪いものに使われたら……」と言う方がいますが、私からすると、「払った税金が役立ちますように」で終わりです。

私は、先ほど言ったように、困っている人の手当や公共のために自分の税金が使われていると思って納税しています。

「どうぞ使ってください」

という気持ちで豊かさを循環させていますので、誰がどう使おうが関係ないのです。

新紙幣への切り替えはお金の流れが変わるチャンス！

２０２４年7月に、新紙幣が発行されましたね！

久しぶりの新紙幣。特に1万円札は１９８４年に聖徳太子から福沢諭吉さんに変わり、そして今回、渋沢栄一さんへ。実に40年ぶりに刷新されたことになります。

きれいな新札を手にしたとき、なんだかワクワクするような気がしませんか？

実は、そのワクワク感が金運アップにとってても大事なんです。


お金には意思がある。

お金は自分を大切にしてくれる人が好き。

この本で度々お伝えしてきたことですが、**新札を手にしてうれしい気持ちは、お金を大切に思う気持ちそのもの**です。

旧紙幣では、なかなかそういう気持ちは味わえなかったという人も、新紙幣への切り替えという絶好のチャンスがやってきています。

新札には、いい気が流れていますので、持っているだけで金運がアップします。

この機会に、お金とじっくり向き合ってみましょう！

まずやってみてほしいのが、お札にあいさつをすることです。**お金と仲よくすることが、福の神に愛される方法**です。

新札を手にしたら、「よろしくお願いします」の気持ちを込めて、あいさつをしてみましょう。たとえば1万円札なら、

「渋沢栄一さん、お会いできてうれしいです」

「これからも、たくさんうちに来てくださいね」


と、あいさつをしてみましょう。5000円札の津田梅子さん、1000円札の北里柴三郎さんも同様です。


人間関係でも、初対面ではあいさつをしますよね。

「はじめまして」

「お会いできてうれしいです」

「これからもよろしくお願いいたします」

お金との関係も、人間関係と同じなのです。

work

潜在意識にドカンと効く「お金の似顔絵」ワーク

楽しみながらお金と仲よくなれるワークをやってみましょう。

新紙幣をじっくりと観察しながら、「似顔絵」を描いてみてください。

肖像画の部分も、数字の部分も、下手でもいいので可能な限り丁寧に描いてみましょう。表裏、両面描いてくださいね！

「お金がほしい」と望みながら、実は、お金をじっくり見たことがないという人、案外多いんです。

絵を描いている時間、お金と向き合うことで、**「お金が好き」「お金が大切」という気持ちが潜在意識へ浸透していきます。**

結果、お金と波長が合い、お金と仲よくなれるのです。

「10分の1貯金」がお金の呼び水になる

お金が〝芋づる式〟に増えていく、現実的な方法をご紹介します。

それは、お金が〝呼び水〟となり、お金がお金を呼ぶ好循環を生み出す仕組みです。


それは**「10分の1貯金」**。

決して魔法のようなやり方ではないのですが、効果は私自身が長年経験しているので、実証済みです。

10分の1貯金は、約100年前に初版が発行されたお金の大ベストセラー『バビロンの大富豪』にも書いてある方法で、日本一のお金持ち・斎藤一人さんも推奨されているものです。

やり方は簡単。その名の通り**給料の手取り金額の10分の1を貯金するだ**

け。たとえば、給料の手取りが30万円なら、その10分の1である３万円を貯金します。それを毎月積み重ねていきます。

そして、この10分の１貯金には、大切なルールがあります。それは、

「一生引き出してはいけない」

ということです。

どうして？　せっかく貯金しているのに引き出せないなんて……と、みなさん驚かれますが、引き出してはいけません。

もしもお金が必要になったときは、10分の１貯金ではなく、ほかの貯金口座から引き出すようにします。

一生引き出してはいけない。それはつまり、その口座は常に、**お金が増え続ける**ということになります。

ただ、一生引き出せないと聞いて、尻込みしてしまう人もいます。

その気持ち、本当によくわかります。

私は、斎藤一人さんがおすすめしていることで、27歳の頃から10分の1貯金を始めました。その頃は、コンビニのアルバイトを卒業し、派遣社員として働いていて、毎月の手取り金額は14万円。その中から1万4000円の貯金は、正直、とても苦しかったです。

しかも、そのお金を引き出せないなんて……。

でもなんとか1年間続けてみたところ、意識が変わりました。

それまでほぼゼロだった貯金が、1年間で16万円ほど貯まり、**「自分にも貯金ができた！」**と大きな自信になったのです。

そして、10分の1貯金の口座とは別に、必要なときは使ってもいい貯金口座もできました。

引き出せないと聞いて躊躇している人も、まずは1年間、やってみてください。10分の1が難しければ、「10分の0・5」でも「10分の0・1」でもいいのです。

も大丈夫です。手取りが20万円で2万円の貯金が難しい人は、1万円でも2000円でも、1000円でも構いません。

通帳の金額が増え続けていくのを見て、うれしく思う気持ち。それが成功体験となり、

「今月も貯金ができなかった」

と嘆いていたときとは、明らかに流れが変わっていきます。やがて、もっと大きな金額が貯金できるよう、収入も増えていくでしょう。

そして、みるみる豊かになっていきます。

きっと、福の神が応援してくれているのですね。

私の10分の1貯金の口座は、今でも毎月増え続けています。

思い切って始めた毎月1万4000円の貯金が、本当にお金の〝呼び水〟になってくれたことを実感しています。

ほしいだけのお金を手にする「器」はある？

この本を手にとってくださった方は、「もっとお金がほしい」「豊かになりたい」と願っている方だと思います。

では、みなさんに質問です。

あなたは毎月、いくらの収入がほしいでしょうか？

「今より毎月10万円収入をアップさせたい」
「毎月１００万円はほしい！」
「多ければ多いほどいいに決まっている」

など、さまざまな答えが返ってくると思います。

「今より毎月10万円収入をアップさせたい」と思っている方は、現状とのギャップがそれほどないこともあり、その10万円で何をしたいかが見えているかもしれません。たとえば、子どもの習いごと代、夫婦のこづかいをもう少し増やしたい、月に２回くらいは外食をしたい、半年に１回くらいは旅行に行きたいなど。

その場合は、この本で紹介している金毒の浄化法で貧乏神を追い出し、福の神に好かれる思考や習慣を身につけることで、きっと遠くない未来に叶えていけると思います。

「毎月10万円アップさせたい」だけでは満足できず、「毎月１００万円はほしい！」「多ければ多いほどいいに決まっている」と思っている方は、その金額で何をしたいか、見えていますか？

１００万円の月収がほしいとおっしゃっている方に、私がよく聞くことがあります。

「その１００万円を何に使うんですか？」

と。すると、「今、家賃が７万円の部屋に住んでいるので、15万円くらいの部屋に引っ越したい」「スーパーで安いお肉ではなく、ちょっといいお肉を買えるようになりたい」など、いろいろと出てくるのですが、その生活は月収50万円くらいで実現できるものだったりします。

「残りの50万円はどうしますか?」と聞くと、答えられない方が多いのです。

使い道を50万円分しか想像できないということは、その人には現段階で**「月収50万円の器」しかない**ことになります。

すると、福の神は「この人には100万円は必要ない」と判断します。

あなたが望むだけのお金を、なぜほしいのか、どう使うのか。

具体的にイメージして、潜在意識に深く刻み込むことができれば、福の神はあなたに必要なだけのお金をもたらしてくれるでしょう。

お金に翻弄されない人生を送るために

私のメルマガは、およそ6万人ほどの読者がいらっしゃいます。読んでくださった方から、よくメールで感想をいただくのですが、気になることがあります。

それは、**投資詐欺に引っかかっている方が大勢いる**ということです。

みなさん、投資をして将来に備えようとされているのですが、そんな、お金に対する意識の高い方を狙った詐欺が横行しているようです。

中には、退職金をすべてつぎ込んだとか、1億円以上の金額を失ったという方も……。

さらに、消費者金融から投資資金を借りたという話もありました。

長い間、一生懸命働いて貯めたお金を一瞬にして奪われてしまう投資詐欺。

最近では、いろいろな手口があるようです。

ＳＮＳやＬＩＮＥで「お金を増やす方法」といった情報が送られてきて、誰もが「そんなにうまい話があるわけない」と考えるのですが、試しに少額を入金してみると、通常の投資では考えられないほどの勢いでお金が増えるのだそうです。

それはもちろん、実際に増えているのではなく、サイト上で見る金額が数字上増えているだけ。見せかけの数字です。

それは「もうちょっと入金してみようかな」と思わせるための罠なのですが、そこでだまされてしまう方が多いようです。

いつの間にか大金をつぎ込んでしまい、いざ解約してお金を受け取ろうとすると……もちろん換金できません。

ほとんどの方が「私は投資詐欺にだまされるような人間じゃない」と思っています。真面目で、堅実に歩んできた方々なのに、だまされてしまうのは、やっぱりお金のことがよくわかっていないのだと思います。

自分の将来に、いくらお金が必要なのかを知ること。
自分が投資を考えている商品について、しっかり調べること。

「漠然とした不安」などの心の隙間に、詐欺は入り込んでくるのです。
くれぐれもお気をつけください！

「臨時収入」はお金だけじゃない

金運がアップすると、臨時収入がやってくるというのは、よく聞く話だと思います。

「臨時収入」と聞いて、みなさんはどんなものを想像しますか？

・宝くじで高額当選。
・親戚から急に財産を譲り受ける。
・会社から特別ボーナスが出る。
・家にあった骨董品が思わぬ高額で売れる。

などなど。いろいろなものが考えられますよね。

では、最近、臨時収入はありましたか？

「まったくありません……」

そう答える方も、きっと多いと思います。

確かに、このような突然大金が手に入る臨時収入は、そんなに頻繁には起こらないですよね。

でも実は、**小さな臨時収入は、あなたの元にもたくさんやってきている**のです。

たとえば、街で配られているポケットティッシュ。

何かと便利なティッシュは、お金を払って買うことも少なくありません。

つくるのにも、人の手がかかり、お金がかかっています。

無料でもらえるのは、とってもラッキーなことだと思いませんか？

あなたは街でティッシュを差し出されたとき、どうしているでしょうか。

「なんだティッシュか」というように、まるで空気のようにスルーする。

無表情で引っこ抜くように受け取る……。

それは、せっかくやってきた臨時収入を煙たがっているようなもの。

豊かさは、それに気づき、感謝することで、より大きくなっていきます。

ぜひ、**「ありがとう」と言って笑顔で受け取ってみてください。**

もしも、自分に必要ないものであれば、「ありがとう」という気持ちを持ちながら、受け取らない選択をすることは問題ありません。

ほかには、会社などで同僚からもらう旅行のおみやげなども立派な臨時収入です。

たとえば沖縄のちんすこうや、京都の八ツ橋、温泉まんじゅうなど。

何気なく受け取っているかもしれませんが、これはもっともっと喜ぶべきものです。

そのおみやげを買うには、交通費をかけて現地に行き、1000円くらいはする商品を購入しなければなりません。

限られた時間のなかで、おみやげを選び、購入してくれているのです。

「ありがとう」と気持ちを込めて言い、「旅行はどうだった？」など、ぜひ盛り上がってほしいのです。


もしかしたら、苦手なものなど、自分が食べられない場合もあるかもしれません。でも、いただいた気持ちは「ありがとう」とちゃんと受け止めて、家で家族にあげるなどするといいと思います。

自分の元にも、たくさんの臨時収入がやってきている。

そう思うとワクワクしませんか？

小さな臨時収入にも気づいて、感謝することで、やがて大きな臨時収入がやってきます。

『ビッグイシュー』の考え方

『ビッグイシュー』という雑誌をご存知でしょうか。

ホームレスの社会復帰のため、世界中で発行されている雑誌です。

イギリスを発祥に、日本では２００３年に創刊されました。

仕組みを簡単に説明すると、定価４５０円の雑誌が最初の10冊は無料で提供されます。ホームレスの販売員の方は路上に立ち、道ゆく人にその雑誌を売るのです。

全部売れると４５００円。その売り上げを元手に、それ以降は1冊２２０円で仕入れて２３０円の利益を得ていくという形です。

私はこの雑誌の存在を、尊敬する経営者の方に教えてもらいました。

その方は、販売員の方に「お釣りはいらないから」と言って１０００円札を差し出し、握手をして、「あなた、がんばりなさいよ」と声をかけていました。

その出来事がすごく印象的で、私も販売員の方を見かけるたびに、購入するようにしています。

この『ビッグイシュー』の仕組み、本当に素晴らしいですよね。

ホームレスの方をいつまでも「施しを受ける立場」「稼ぐことができない立場」に置くのではなく、

「自分で稼ぐことができる立場」

になれるようサポートしていく。

第2章（55ページ）でお伝えした、お釈迦さまの托鉢の話にも通じる部分があるように思います。

経営者から見て、あなたはどんな社員？

先ほどもお話した、大学時代の引っ越しアルバイトでの出来事です。

そのアルバイトは、1度行くと、だいたい日給1万1000円もらえるもので、学生にはとても割りのいい仕事でした。

しかも、お給料は当日の先払い。

現場に行ったら、まず手渡しでお金を手にすることができたんです。

そうなると、私の考えることは、「仕事の時間をいかにしてサボるか」ということでした。

いくらがんばっても、お給料はそれ以上にはなりませんので、だったらがんばったら損。サボったほうがいいに決まっていると思っていました。

そこで、よくトイレで時間をつぶしていたのです。

ある日、仕事が終わり、社員の方たちと飲みに行く機会がありました。

そこで、ある方にこう聞かれたのです。

「ｍａｓａさんさ、ちょっと聞きたいんだけど、**自分が経営者だったとしたら、君、自分のこと雇う？**」

と。そう聞かれてしまったことは、自分にとって、かなり衝撃的な瞬間でした。

表面的には、ソツなく仕事をしているつもりでいたのですが、サボっているのがバレていたのです。

そこから、私の働き方への意識が変わっていきました。

自分が経営者だとしたら、雇いたくなるような働きをしなければ、と。

給料以下の仕事しかしない人を雇いたいと思う経営者はいません。

一生懸命働く人、周りにもいい影響を与えられる人、もっと給料を上げたくなるような仕事をしてくれる人にならなければと思いました。

「いかにサボるか」だけを考えてやる仕事は、誰に対しても喜びや豊かさを与えることはできません。

世の中の一員として、しっかり役割を果たして、雇ってくれた人に貢献しなければ。

学生時代にこのことを教えてくれた社員の方には、感謝の気持ちでいっぱいです。

お金持ちになる近道は、〇〇の幸せを願うこと

あることを考えるだけで、ジワジワとお金や豊かさを受け取れるようになる……そんな方法があります。

それは、「誰か」の幸せを願うこと。

さて、誰の幸せを願えばいいでしょうか？

答えは、「お金持ち」です。

お金持ちの幸せを願えば、あなたもお金持ちになれます。

「どうして？」

「お金持ちはすでにお金があって幸せなんだから、そんなことする必要ないのでは？」

という声が聞こえてくるようですね。

ではここで、幸せなお金持ちになれない人の特徴を見てみましょう。

お金持ちは悪い人だと思い込んでいる人。

お金持ちを妬んでいる人。

そのような人の元には、残念ながら豊かさはやってきません。

お金持ちに対するネガティブな感情は、「思い込み」です。

金毒がたまっている、つまり貧乏神に好かれていると、お金持ちをネガティブに捉えやすいということを第1章でお話ししてきました。

お金持ちの幸せを願うことができない、その気持ちにも思い込みが隠れている可能性大です。

お金の思い込みが現実化し、今の状況をつくりだしています。

お金持ちを否定するということは、自分がお金持ちになるのを否定することにつながってしまうのです。

ならば、その反対で、**「お金持ちを肯定」**してみると……。

『マーフィーの法則』で有名な、アメリカの牧師・ジョセフ・マーフィーさんは、元祖・引き寄せの法則の提唱者です。

マーフィーさんの言葉に、こんなものがあります。

「自分の嫉妬しているものを祝福せよ」

どうしてでしょうか。

実は、**自分が嫉妬しているものは、本当は自分が一番ほしいもの**なのです。

たとえば、失恋してしまった、恋愛がなかなかうまくいかないという人は、恋愛がうまくいっている友達に嫉妬します。

会社でなかなか昇進できなくてもどかしく思っている人は、順調にキャリアアップしていく同僚に嫉妬します。

「嫉妬」は悪い感情だと思われがちですが、自分が本当に欲しているものを見極められるという、とても意味のある感情です。

お金持ちになりたい。

そう願うなら、これからはお金持ちの幸せを願いましょう。

たとえばテレビで、お金持ちの人が取り上げられたら、「この◯◯さんにいいことがありますように」と願うのです。

そのお金持ちが大豪邸を買ったとか、新事業を始めたといったニュースがあれば、「◯◯さん、おめでとう」と祝福するのです。

「引き寄せの法則」が働きかけるのは、**無意識の領域といわれる「潜在意識」**です。

潜在意識は、主語を認識することができないといわれています。

つまり、自分と他人を区別しないのです。

お金持ちの幸せを願っていると、どんどんお金と仲よくなり、引き寄せが起こります。

これがクセになるまで、意識してやってみてください。

ちなみに、76ページで「お金は幸せを運んできてくれる天使」だとお伝えしましたが、私は、お金持ちも幸せを運んできてくれる天使だと思っています。

とてもやさしく親切で、幸せな気持ちにしてくれるだけでなく、納税や寄付という形で社会貢献もされています。

まさに彼らは、福の神の使いである天使なのです。

「私なんてどうせ」と思うのをやめる

福の神に好かれる「お金持ち思考」をいろいろとご紹介してきましたが、気持ちに変化はありましたか？

「自分も幸せなお金持ちになれそうだ！」

そう感じている方は、きっとお金を引き寄せる体質になり、現実も変わり始めることと思います。また、

「私なんてどうせ、お金持ちにはなれない……」

そんなふうに感じているとしたら、お金に対するネガティブな思い込みがかなり強く残っているのかもしれません。さらに、そのような方は自己肯定感も低いために、なかなかお金が入ってきづらいといえるでしょう。

自己肯定感が低いと、お金をうまく循環させていくことができません。

ここでは、自己肯定感を高めるための考え方についてみていきましょう。

たとえば、タレントの叶姉妹さんを食事に連れて行くとしたら、どんなお店にお招きするでしょうか。

ファストフードやチェーンのファミレス、低価格の居酒屋などに行きますか？

もしかしたら、一周回って、そういう庶民的なお店を新鮮に楽しんでくれることもあるかもしれませんが、普通の考えではお連れしないと思います。きっと慎重に、料理の味も雰囲気もよいところを選びますよね。

私は叶姉妹さんにお会いしたことはありませんので、もしかしたら実際は違うのかもしれません。あくまでもキャラクターとしてのイメージでいうと、彼女たちはすごく、「自己肯定感が高い」ように見えます。

お伝えしたいのは、**自己肯定感は、周りの人に伝わる**ということです。

私なんてどうせ……。

安いお店でいい。安い洋服でいい。安いカバンと安い靴でいい。髪がボサボサでもいい。お化粧なんてしなくてもいい。

そう思う気持ちは、周りに伝わり、悲しいことに、それなりの対応をされてしまいます。

それは、あなたが軽く見られてしまうということです。

――。「豊かさスイッチ」をオンにしよう

日本一の大金持ち・斎藤一人さんはこのように言っています。

「女性は〝花〟なのですから、明るい色の服を着ましょう」

と。私が出会ってきた幸せなお金持ちの人たちは、髪や肌に、とにかくツヤがありました。アクセサリーもキラキラと輝いていて、こちらまで華やかな気持ちにさせてくれました。


幸せなお金持ちは、自分自身を大切にしています。

それは貧乏神を寄せ付けない、そして福の神に好かれる「波動」になっているのです。

自分を大切にすることが、豊かさスイッチを入れることにつながります。

食べたいものを食べていいんです。
着たい洋服を着ていいんです。
あなた自身が、あなたを一番大切にしてあげてください。

夫婦はどんなときも「同じ給料」

私のカウンセリングのお客様は女性が7～8割を占めているのですが、「自分のためにお金を使いましょう」といったアドバイスをすると、

「私は専業主婦だから……」

「主人と比べて、お金を稼いでいないから……」

と、引け目に感じている方が多くいらっしゃいます。

このような気持ちでいると、「私は安いものでいい」「贅沢することは悪いことだ」といった思いになり、自己肯定感が低くなってしまいます。

結果、貧乏神に好かれたまま、お金が思うように入ってこない現実を引き寄せてしまいます。

たとえあなたが専業主婦でも、稼いでいる金額が少なくても、引け目に感じる必要はまったくありません！

「私、稼げてないんですけど、大丈夫ですか？」

そんなふうに自信なさげに言う方に、私がいつも言っている言葉がありま す。それは、

「夫婦はどんなときも、同じ給料」

だということです。

旦那さんが安心して仕事ができるのは、奥さんが家事や子育てなどをやってくれるおかげ。

サッカーやバスケットボールなどのスポーツでいうと、外に出て働く側が「オフェンス（攻め）」で、家の仕事をする側が「ディフェンス（守り）」です。オフェンスだけでは勝てませんし、ディフェンスだけでも勝てません。攻守そろって、一つのチームなわけです。

今は共働きの家庭も多いので、その場合は、どちらも攻めと守りを担っていることになります。

でも、一つのチームであることには変わりません。旦那さんの年収が600万円だとしたら、その金額はあなたも稼いだんだと思ってください。

女性は「アゲマン」になろう

チームの仲間を応援する。

そういう意味で、女性はアゲマンになったほうがお得だと思います。

旦那さんの仕事の業績が上がって収入が増えれば、世帯収入が上がるわけですから、もちろん、あなたの収入も上がります。あなたが男性なら、奥さんに感謝の気持ちを伝えることが大切です。

家族みんなが幸せに生活するためにも、グチや不満を言うのではなく、時に褒めたり、盛り立てたりして、気持ちよく仕事ができる家庭環境をつくっていきましょう。

信用を積み重ねることが、宇宙貯金を増やすこと

85ページで、宇宙貯金のお話をしました。
目に見えないエネルギーである宇宙貯金は、コツコツためていくと、やがて〝換金〟することができます。

①自分も人も幸せにする
②不平不満を言わない
③人が育つ場所をつくる

それが、宇宙貯金をためるポイント。加えて、**「日々の信用を積み重ねること」**も大事な要素です。

宇宙にある富は無限なので、誰かと奪い合う必要はありません。ただ目の前のことと向き合い、目の前の相手に誠実に接していれば、信用は積み重な

っていきます。そしてその分、豊かさがあなたに降り注ぎます。

「信用」って目に見えないですよね。でも、**信用は確かにそこにあり、そしてお金に〝換金〟できるもの**なんです。

私は今、カウンセリングのほか、ＹｏｕＴｕｂｅやメルマガを通じて、みなさまにちょっと心が軽くなる情報や、お金のお役立ち情報などを毎日発信しています。

最初は見てくれる人、読んでくれる人も少なかったのですが、少しずつ少しずつ、信用されるようになってきています。

「この人の投稿を見ると、なんだか安心する」

「この人の文章を読むと、心が軽くなる」

そんな感覚を覚えてくれる人が増えてきたということは、信用がたまってきているというわけですよね。

私がこうして本を出版できるのも、信用がたまってきたおかげ。
そうやって私を知ってくれて、情報をチェックしてくれる人が増えること
で、ありがたいことに私の収入も増えていきます。
そして、この豊かさは、無限に拡大していきます。

このように考えると、
宇宙貯金は、たくさんのお金を生み出す源のようなもの。
そして、

宇宙貯金＝信用

と表現することもできそうです。

なじみの場所に違和感を感じたらステージアップのとき

幸せなお金持ちになるための考え方、いかがでしたか？

少しずつ、実践していただけると、福の神が過ごしやすい環境が整っていきます。

あなたを取り巻くお金の流れが変わり始めると、ちょっとした違和感を感じることがあるかもしれません。


いつも好きだった場所が、あまり好きではなくなる。

いつもの場所にいるのに、なんだか心が落ち着かない。


それは、あなたが次のステージにレベルアップするサインといえます。

たとえば、大好きだったショッピングモールのセール。見に行ってみたけれど、ほしい服が見つからない。

スーパーでお惣菜が値引きされている！　でも、結局買わなかった。

いつもの安い醤油と、こだわりの原料を使ったちょっと高い醤油。迷ったけれど、ちょっと高いほうを買ってみた。

フードコートでお茶をしたけれど、落ち着かなくてすぐに出てしまった。

それは、あなたのお金に対する価値観が変わってきたからです。


喜びが大きいお金の使い方をしよう。

自分を大切にするお金の使い方をしよう。


恐れずに、今のあなたが心地いいほうを選択してください。

その直感が、あなたをもっともっと輝かしいステージへと連れていってくれます！

第3章まとめ

○お金は「幸せを運んできてくれる天使」だと思うと魔法がかかる。

○お金を使うことは、「豊かさを循環させる」こと！

○与えたものは3倍になって返ってくる。
ただし、目の前の相手から返ってくるとは限らない。

○自己肯定感を高めると、豊かさスイッチがオンになる。

ここまで読んで、気づいたことを書いてみましょう。

第4章

一生お金と仲よくするための習慣

人生が変わる「習慣化の魔法」をかけるには

金毒の浄化方法、お金持ち思考……いかがでしたか？

この本を読み始める前より、あなたがお金を引き寄せる力は確実にアップしているはずです。

ですが、大事なポイントがあります。それは、**習慣化できなければ、人は元の状態に戻ってしまう**ということ。

人は、なかなか変わることができません。

それは、潜在意識には**「現状維持メカニズム」**があるからです。これは、「恒常性」とか「ホメオスタシス」とも呼ばれる機能で、命を守るために必要なもの。

でも、何か新しい習慣を身につけたいときには妨げになってしまいます。

物事をスタートさせてから、それが習慣化するまでの期間は21日間だといわれています。

長い人生のうち、たった3週間継続できれば、習慣化できます。

習慣化とは、やらないと気持ち悪いという状態。

こまめに金毒を浄化することも、お金への意識チェンジも、まるで歯磨きのように習慣化できれば、「お金持ち体質」のできあがりです。

習慣化には、次のような方法が効果的です。

1 手帳の21日後にチェックをする

何かをやるぞと決めたら、開始日から21日後の手帳の記入欄に「◯◯習慣達成日」と大きく書き込みます。毎日目にする手帳に書き込むことで、うっかり忘れてしまうことを防げますし、達成日がだんだんと近づいてくることでモチベーションをアップさせることができます。

2……達成したら自分にご褒美をあげる

人は、ワクワクが待っていると思うとがんばれるものです。

ほしかった漫画を大人買い、行きたかったレストランで食事、温泉旅行を予約するなど。

どんなものでもいいので、自分にご褒美を用意しましょう。

たとえ続かなくても、自分を責めないでくださいね。チャレンジできたことだけでも素晴らしい！　また再チャレンジしていきましょう。

福の神に好かれるお財布の特別待遇法

「お金は幸せを運んできてくれる天使」だというお話をしました（76ページ）。ということは、

お財布は「天使の住む場所」。


みなさんのお財布はどんな状態ですか？

お財布をいつもどんなふうに扱っていますか？

ここでは、お金（＝天使）はもちろん、福の神も喜んでくれるお財布との付き合い方をご紹介していきます。

1 お財布をきれいに保つ

大前提として、あなたのお財布はきれいでしょうか？

何年も使ってボロボロだったり、壊れていたりする場合は、修理したり、

新調したりすることをおすすめします。

また、日々の使用で黒ずんでいたりしませんか？

こまめに汚れを拭き、きれいにしておきましょう。**革製であれば専用のクリームなどを使ってお手入れ**するのがいいですね！

そして、お財布の中はいかがでしょうか。

レシートやポイントカードだらけだったり、小銭がパンパンに入っていたりしませんか？

そんなお財布だと、お金はとっても居心地が悪いはずです。それはまさに、貧乏神に好かれてしまう財布です。

その日帰ったら、**財布の中の不要なものを整理**し、いつでもすっきりさせておきましょう。

2 お財布の置き場所を決める

外から帰ったあと、お財布をどこに置いていますか？

カバンの中に入れっぱなしだという方もいるかもしれませんが、お財布は、**お金が好む場所に置くのがいい**とされています。

カバンの中はお金にとって好ましい場所ではありません。お金が好む場所とは、**暗く、静かで、涼しい場所。**

次のような場所はＮＧといわれています。

×カバンの中
×火の近く（キッチンなど）
×水の近く（キッチン、洗面所など）
×直射日光の当たる場所（カウンターや出窓など）
×テレビやオーディオの近く

このような場所にお財布を置くとお金に嫌われてしまうため、思うようにお金が貯まっていきません。

おすすめの置き場所は、

- **寝室のような静かな場所**
- **タンスやクローゼットのような暗い場所**

です。寝室に置くのが難しい場合は、**金運アップの方位に当たる北側の部屋や西側の部屋がおすすめ**です。

風水では、お金のエネルギーは西から取り入れられ、北で貯めると考えられています。

さらに、日によってバラバラの場所に置くのではなく、「お財布専用の居場所」をつくることが金運アップの秘訣です。

3 お財布の「特別待遇」をしてあげる

置き場所を決めたら、さらにお財布を特別待遇してあげましょう。

たとえば、こんなＶＩＰ待遇がおすすめです！

・寝室のタンスの中に、お財布専用の箱（ケース）を置きお財布を入れる

お財布にちょうどいいサイズのきれいな箱やお気に入りの箱を用意。お財布の家をつくってあげるイメージです。

・寝室のクローゼットに金庫を置いてお財布を入れる

金属製の金庫は、風水的にもお金との相性がとてもよいといわれています。お財布と一緒に、通帳やカードなど、お金に関するものを入れておきましょう。

・北側のクローゼットにお財布専用の布団を敷いて寝かせる（置く）

お財布サイズのふかふかの布団を用意。そこでゆっくりと休んでもらうことで金運がアップします。

お金には意思がある。

本書で繰り返しお伝えしてきましたが、こんなふうに特別待遇をすることで、お金は喜び、金運アップをサポートしてくれるのです。

通帳の保管もお財布と同じように暗く静かで涼しいところがベストです。

さらに、通帳ケースに入れておくといいでしょう。通帳ケースは「お金を包む」という意味があり、ムダな出費を防いでくれます。すべてを吸収し、お金を集めてくれるパワーのある黒か、豊かさや成功の象徴であるゴールドの通帳ケースがおすすめです。

私のお客様に、競馬が大好きな男性がいたのですが、お財布の取り扱い方のお話をしたところ「いつもカバンの中にお財布を入れっぱなしです」とおっしゃっていました。その方はさっそく、寝室のタンスの中にお財布専用のケースをつくって、そこでお財布の特別待遇をするようにしました。

すると、その週のレースで大当たりをし、「３０００円が43万円になりました！」という驚きの報告をいただきました。すごいですよね！

4 お財布を新調するなら

「どんなお財布を選べば、金運がアップしますか？」

よくいただく質問ですが、それに対する私の答えは

「ピンとくるもの、自分が気に入るものを選んでください！」

ということ。それが大前提で、色が持つパワーも参考にしてみてください。

金 運気を最大限に高めてくれる色。ゴールドは天からの恩恵を受けやすくするといわれています。

黄土色 金運アップといえば黄色をイメージすると思いますが、真っ黄色は入ってくるお金だけでなく、出ていくお金も増えてしまうので注意。落ち

着いた黄土色が、コツコツ貯める力をアップさせてくれます。

ピンク 開運色と呼ばれ、人を惹きつける力がアップします。恋愛運も高めてくれる色なので、お金持ちの人とのご縁に期待ができます。

緑色 才能運がアップ。仕事がうまく回るようになり、給料がアップするといわれています。健康運も高めてくれる色です。

黒色 ついムダづかいをしてしまう人におすすめ。周囲のものを遮断し、物を守るパワーがあります。お金の動きを封じ込み、ガッチリ守ってくれます。

クリーム色 投資や資産運用など、お金を動かすことで増やしていきたいと考えている人におすすめ。クリーム色のほか、淡い黄色も同様です。

白色 最近、急な出費が増えていると感じる人は、悪い気があなたを取り巻いているのかも。白には、負の気を断ち切り、運気を一掃してくれる力があります。汚れるとパワーが落ちてしまうので、白さを保ちましょう。

茶色 大地の気を持ち、安定のパワーがある色。コツコツお金を貯めたい人をサポートしてくれます。

赤　火の気を持ち、自分の運気を燃やしてしまうともいわれ、お財布には避けたほうがいいといわれています。一方で、赤はやる気を高めてくれる色でもあり、積極的に稼ぎたい！　というときにはおすすめ。茶色を少し加えたワインレッドは、赤と茶色の両方の性質を持つのでおすすめ。

青　水の気を持ち、「水のようにお金を流してしまう」という意味があるので、真っ青な財布は金運的にはよくないといわれています。青のなかでも淡い青色は浄化の作用があり、お金が増えるという意味を持ち合わせているので、淡い色を選ぶといいでしょう。

色の意味を知ったうえでピンとくるものを選ぶと、もっともっと金運がアップしていきます。

一粒万倍日や天赦日、寅の日などの縁起のいい日にお財布を新調するという開運アクションを起こすと、金運がアップしてお金に恵まれるといわれています。ぜひ、これらの日に新調してみてください。

5……満月の日にお財布フリフリ

満月の夜にぜひやってほしいことが、お財布フリフリです。金運がアップするといわれています。手順は次の通り。

①財布をきれいに拭く
②中身を取り出して空っぽにする
③「ありがとう、ありがとう……」と唱えながら、満月に向かってお財布を5分くらい振る

満月は「満ちる＝貯まる」の象徴です。

お財布に月のパワーを充満させましょう。

「ほんとかなぁ」と疑うのではなく、お財布をフリフリしながら、「満月のパワーでお金がたくさん入ってくるぞ」とワクワクすることが大事です。

曇りや雨で、満月が見えなくても効果はあります。

本当の買い物上手になろう

小林正観さんが、半分冗談・半分本気でこんなことを言っていました。

「今日から、おいしい店・有名な店に並んでごはんを食べることをやめてください。有名なお店のそばに、必ずお客さんの入っていない店があります。この店はまずくて、店員の愛想も悪いかもしれません。でも、お客さんの入っていない店に入ってあげてください」

福の神に好かれるには、誰かの役に立つようにお金を使うことが大切です。

1日に2000人のお客さんが入る人気店では、自分が払ったお金は売り上げの2000分の1。

でも、1日に10人しかお客さんが入らない店では、自分が払ったお金は売り上げの10分の1。

どちらが喜ばれるかは、明白ですよね。喜ばれるお金の使い方をすることが、お金を生かすということ……。

正観さんいわく、「まずいものを食べたくない。おいしいものを食べたい」というのは、エゴ（自我）なのだそうです。

あえておいしくない店を選ぶ……という選択ができる人はそういないと思います。私も自ら好き好んで、おいしくない店に行くのは嫌です。そして、この本では、「本当に食べたいものを食べましょう」「自分を喜ばせてあげましょう」というお話をしてきました。

大切なのは「いかに喜んでもらえるか」というお金の使い方をすることです。

喜ばれるお金の使い方をし続けていると、いつの間にかお金自身があちこちの財布でひそひそと話をするようになるそうです。

「あの人のおうちへ行くと、ぼくたちを喜ばれるように使ってくれるよ」

と。そして、みんなでその家にやって来ようとします。**お金は喜ばれたくてしょうがない状態で存在している**のです。

私は２０１９年に東京から石垣島に移住しました。

石垣島では、ガイドブックに載っていない、地元の人しか行かないようなお店にしか行きません。

そういったお店を選ぶことで、地元の人と仲よくなれたり、サービスでマンゴーやパイナップルをいただいたりと、さまざまないいことがありました。

大きなスーパーではなく、個人経営のお店で食材を買う。

オープンしたばかりの店に行ってみる。

など、「お金を喜ばれるように使う」方法は、実は日常にあふれています。

そういった使い方をすることが、本当の買い物上手なのだと思います。

work

出したお金が倍になって返ってくる「お金への声かけ」ワーク

お店で食事をしたり、買い物をしたりしてお財布を取り出したときに、ぜひやってみてほしいワークがあります。

それは、お金に向かって

「またたくさんのお友達を連れて帰ってきてね」

と声をかけることです。心のなかで言うだけでOKです。

「私のところに来てくれてありがとう」「また戻ってきてね」という気持ちを込めて、お金に声をかけて見送りましょう。

最初のうちは、財布にふせんを貼っておくと忘れないと思います。

ふせんがなくても習慣化できるまで続けてみてください。

宇宙に愛される生き方とは？

「どうやってお金を貯めるか」ということより、大切なことがあります。

それは、**「どうやってお金を使うか」ということ**です。

私が小林正観さんから伺った、「宇宙に愛される生き方」の2つのエピソードをご紹介したいと思います。

1　お葬式に1500人が参列したあるおばあちゃんの話

人口が3000人ほどの村で、78歳のおばあちゃんが亡くなりました。

そのお葬式には、村人の半分に当たる1500人が参列したそうです。村長のお葬式でも参列者は700〜800人ほどだったそうで、こんなに多くの人が集まるおばあちゃんは、いったい何者なのでしょうか？

おばあちゃんは55歳までは小学校の先生、その後は民生委員だった方で、何も大きなこと、特別なことをやっていた方ではありません。

ただ、**死ぬまで、自分の教え子の店でしか物を買いませんでした。**

近所に大型スーパーやディスカウントストアができても、肉も野菜も果物も、そして電気も……徹底して教え子の店でしか買わなかったそうです。

78歳で亡くなるまで、ずっとそういうお金の使い方をしていたので、みんなからとても愛されていたのです。

だから1500人もの人がお葬式に参列したのですね。

「1円でも安く！」と思っている人にお金はあまり集まってきません。

155ページでお伝えした「お客さんの入っていない店に入ってあげる」という話にも通じますが、お金を使うときはいつも「喜びの大きいほう」を選ぶのが正解です。

少しくらい高くても、喜ばれるお金の使い方をしていると、お金はいくらでも、自分から喜んでやってきてくれるのです。

2 新潟県の大地主・伊藤家の話

何世代にもわたって繁栄し続ける家系や家柄には、どんな秘密があると思いますか？

新潟県に北方文化博物館という建物があります。ここは、越後屈指の大地主である伊藤さんという方のお屋敷なのですが、その広さは敷地8800坪、建坪1200坪、母屋の部屋数65室という規模で、個人の家では日本最大であろうといわれています。

そのお屋敷を財団法人に寄贈し、七代目の伊藤文吉さんがその博物館の館長をされていました（その後、八代目の伊藤文吉さんがあとを継がれましたが、2016年にお亡くなりになったそうです）。

北方文化博物館の大広間の前に池があり、そこには小さな築山がありました。高さ5メートル、幅10メートルくらいの小さな築山なのですが、なんと、つくるのに3年半もの時間がかかったそうです。

新潟といえば米どころですが、かつて、お米が3年間まったくとれない飢饉がありました。そのとき、伊藤家は、近隣の農家の人に声をかけ「ここに築山をつくってくれ」と頼みました。

さらに、人々に「機械はいっさい使わないでほしい」という条件をつけました。

完全に手作業で土を運び、積み上げることになった築山。その作業にあたっては、お年寄りも子どもも、みんなが参加することができました。

当時子どもだった七代目・伊藤文吉さんは、なぜこのようなことをするのかわからなかったそうです。

そして、築山ができあがってからこのように聞かされたそうです。

「お金というものは、いつ使うかをいつも考えていないといけない」

「築山ができるまでの間、賃金を払い続けてあげたかった」

「機械を使ってはいけない」という条件を出したのは、手でつくることでたくさんの人手が必要になるからだったのです。

築山が完成したとき、働いていた農家の人たちから、こんな声をかけられたそうです。

「伊藤さんのおかげで、私たちは一家心中しないで済みました」

困っている人にお金を払ってあげたいと思っても、ただ配ればいいというわけではありません。

人間には自尊心があるので、ただ分け与えたのでは、その人たちが傷つくかもしれないのです。伊藤家は、人々の気持ちを傷つけないようにしながら、お金が行き渡るように築山の建設を依頼したのです。

周りの人たちは伊藤家に感謝して、

「この伊藤家に富をたくわえてもらいたい」

と思い続けますよね。

伊藤家は、一番喜ばれるお金の使い方を知っていたため、妬みやそねみ、嫉妬などが浴びせられませんでした。

さらに、1964年に新潟地震がありました。震源地は新潟市の北方沖。津波や火災で周りの家が大きな被害を受けたなか、伊藤家はまったく被害を受けませんでした。瓦一つ落ちず、壁にヒビ一つ入らなかったそうです。

この家が大地震で無傷だったのはなぜなのでしょうか。

伊藤家は、地震の被害に遭った人たちに、食べ物から住まい、すべてを差し出したそうです。

神様がどうしても「この家を残しておかなければ」と思い、地震から守ってくださったのではないかと思います。

この話を聞いたとき、私は感動のあまり呆然としてしまいました。そして、「伊藤さんのような生き方をしたい」と強く憧れを感じました。

この伊藤さんのような生き方が、「お金と仕事の宇宙の法則」そのものなのだと思います。

「いつかやろう」じゃなくて今できることをやる

2つのエピソードはとても大きな話でしたが、「自分には無理だ」と思わないでいただきたいのです。

何も、大きなことを今すぐやる必要はありません。

たとえば、「お金ができたらやろう」と思っていることがあるなら、そこにつながる小さなことをやってみるのです。

もしも保護猫活動に関心があるなら、今すぐ保護猫を引き取ることはできなくても、少額の募金から始めてみるなど。

今のあなたにもできることが必ずあります！

お金持ちの家はいつもきれい

幸せなお金持ちの方は、「おもてなし好き」の方が多く、私も度々、お家にご招待していただいたことがあります。

物質的にも、精神的にも豊かなお金持ちの家に共通していること。それは、なんといっても**家の中がきれい**だということです。

掃除が行き届いており、散らかっているということがありません。**「福の神」はきれいな家が大好き**なんです。幸せなお金持ちの方たちは、みな、「いらないものを捨てること」の大切さを知っているのでしょう。

みなさんの家には、不要なものがたまっていませんか？　貧乏神の寄りつかない家をキープするためにも、定期的にチェックして捨てていきましょう。

捨てることで、特に運気の流れが変わるのは次のようなものです。

1 着ていない洋服

クローゼットを確認して、１年間着ていないものがあれば処分しましょう。

クローゼットには、あなたに本当に似合う、お気に入りの服だけが並んでいるのがベストです。

2 使いふるしたもの

インナーや靴下など、使いふるしたものは定期的に処分しましょう。ヨレヨレになったものは、運気を下げてしまいます。

3 〝何かに使えるかもしれない〟ととっておいたもの

どこかでもらった割り箸、サンプルの化粧品、紙袋、空き箱などをためこんでいないでしょうか。半年使わないということは、もう使わないということです。すでに役目を終えていると考えましょう。

これらを中心に、不要なものを捨てることで、今のあなたに必要なものが入ってきます！

「トイレ掃除」はやっぱり大事！

トイレ掃除をすると、お金に困らなくなる。

いろいろなところでいわれていることなので、みなさんも聞いたことがあるのではないでしょうか。

でも、トイレと金運、どういうつながりがあるのか、不思議ですよね。

私にトイレ掃除の大切さを教えてくれた小林正観さんは、次のように言っています。

「宇宙はあらゆるエネルギーや情報がたくわえられているダムである。そのダムにはお金を含め、たくさんのエネルギーがある。そのエネルギーを流してあげれば、自分の元に入ってくる。しかし、パイプが自我でつまっているとエネルギーが入ってこない」

と。その、たまった自我を流すのがトイレ掃除なのだそうです。

よくわからない……という方もいると思います。私も20代でこの話を聞いたときには理解できませんでした。

でも、わからなくてＯＫ。とにかくやってみましょう！


私は10年以上、毎日トイレ掃除をしていますが、バッチリ結果が出ています。お金に困ったことは一度もありませんし、支払いの不安もなくなりました。それだけでなく、臨時収入も頻繁に入ってくるようになりました。

外のトイレでも、**使用前より使用後、絶対にきれいにして出る**ことを心がけています。
便器を拭くときなどは**「ありがとう、ありがとう……」と感謝の言霊を唱えながら**すると、なおＧＯＯＤです！

目にする情報は自分で選ぶ

スマホを見ていて、気づいたら時間が経っていた……なんてことはありませんか？

家にいるときは常に、テレビのワイドショーをつけている……という人はいませんか？

ネットニュースやSNS、そしてテレビなど、世の中には面白いコンテンツがあふれていますよね。どれも視聴者やユーザーにもっと見てもらう、アクセスしてもらうことを目的につくられています。

自分が一度検索したワードに関連する広告が頻繁に表示される仕組みもあります。

流れてくる情報のなかには、ネガティブなものもたくさんあります。

不景気に関する不安を煽るニュース、芸能人の不倫のニュース、誹謗中傷などなど。

ネガティブな情報にたくさん触れていると、どうなると思いますか？

恐ろしいことに、金毒がたまっていくのです。

せっかく浄化した金毒が再びたまってしまうのを防ぐためにも、**自分が目にする情報はきちんと選ぶ**ようにしたいものです。

スマホを触る時間を制限したり、ときどき電源をオフにする「デジタルリセット」の時間を設けるのもおすすめです。

テレビをずっとつけているのではなく、見たい番組は録画して見るのもいい方法です。

自分が心地よく感じる情報をきちんと選ぶようにしましょう！

お金がどんどん入ってくる口グセ

お金の悪口を言うのがクセになっていた……という方、その後、いかがでしょうか？

言ってしまう頻度は減ってきたでしょうか？

お金の悪口を言うと、潜在意識に「お金はいらない」というメッセージが浸透してしまいます。

そうならないためには、逆に、**お金が入ってくる口グセを言えばいい**んです。どんな言霊がよいのでしょうか？

いくつかおすすめの言霊をご紹介します。

「お金は素晴らしい」
「お金は安心感を与えてくれる」

「心地よい心でいると、お金を引き寄せる」

「私はお金持ちになってもいい」

「お金大好き」

「私はお金に愛されている」

「笑顔と感謝でお金を使います」

「富は宇宙に無限にある」

「お金さん、いつもありがとう」


これらは、お金がどんどん引き寄せられる魔法の言霊です。

普段から口グセのように唱えて潜在意識に浸透させましょう。

私のＹｏｕＴｕｂｅチャンネルに、「【眠りながら聞く言霊】お金をザクザク引き寄せるアファメーション」という動画があります。

寝る前や通勤中、家事をしているときなどに聞き流していただくのも効果的です。

お金持ちマインドになれることをする

「幸せなお金持ち」をテーマに作家活動をされている本田健さんのセミナーに参加したときに、質問する機会をもらったことがあります。

「お金持ちになるのに、一番早い方法はなんでしょうか？」

すると、健さんはこう答えてくださいました。

「お金持ちと付き合うことです」

お金持ちと付き合うことによって、その人の考え方や、どういうお金の使い方をしているかといったことが、手にとるようにわかるのだとおっしゃっていました。

確かに、身近にお金持ちがいれば、「お金持ちマインド」を手っ取り早く教えてもらうことができそうです。

しかし、「周りにお金持ちがいない」というケースも多いと思います。

その場合おすすめなのが、**SNSや動画配信サイトで「幸せなお金持ち」を見つける方法**です。

「この人、お金持ちそうだな」と感じる人の中から、配信内容がいいな、見習いたいなと思う人を見つけて、じっくりチェックしましょう。

大きな資産を築いた方の体験が書かれた本を読むのもいいですね。

なるべく多くの「お金持ちマインド」に触れることで、お金持ち思考を自分のなかに取り入れていけるのです。

「お金持ち」のいる場所に行く

お金持ちをもっと身近に感じるために、お金持ちがたくさんいそうな場所に行くのもいい方法です。

私のおすすめは**ホテルのラウンジでお茶をすること。**

ホテルのラウンジにはお金持ちがたくさんいて、その立ち居振る舞いや服装などを見ることができるからです。

そして何より、私がホテルのラウンジでのお茶をおすすめするのは、優雅な気持ちを味わえるからだといえます。

ホテルのラウンジでお茶をすると、サービス料なども含めてだいたい2000円くらいします。

普通のカフェでは400~500円くらいでおいしいコーヒーが飲めますから、4倍から5倍の値段ということになりますね。

コーヒーにそんなにお金をかけられない……と思うかもしれません。

でも、それはコーヒーだけの値段ではないんです。

開放感のある高い天井、素晴らしい空間で丁寧な接客を受けられる。

その空間にいると、豊かさスイッチがオンになるんです。

毎週行くなんてことは大変ですので、1カ月か2カ月に1回など、自分へのご褒美として行ってみてはいかがでしょうか。

最初はなんだか緊張して、落ち着かない気持ちになるかもしれません。

かくいう私も、最初は居心地の悪さを感じていました。

コーヒーを飲んでいるだけなのに、なぜか運動をしているかのように汗をかいていました（笑）。

それでも、何度か足を運んでいるうちに、だんだんと居心地がよくなってきました。

その場所に、自分がなじんでいくのです。

もう少し値段が高くなりますが、**ラウンジでアフタヌーンティー**ができたら最高ですね！

これを機に、予約をしてみるのはいかがですか？

お金の整理整頓をする

お金と仲よくなるには、お金のことをよく知ること。

第1章（31ページ）でもお伝えしたように、お金に対する漠然とした不安が、「お金がない」というネガティブな思いになり、貧乏神を寄せ付けてしまいます。

お金のことが大好きなら、お金のことをちゃんと知っておきましょう。

そのために、**自分のお金、家族のお金の整理整頓**をおすすめします。

たとえば、次のような項目について、曖昧になっていることはありませんか？　改めて確認してみてください。

1 今あるお金がいくらか

自分や家族の銀行口座にいくらあるのかを知っておきましょう。投資に回しているお金や、家の中にあるお金も含みます。

2……ローンの残高と返済期間

住宅ローンや車のローンなどがあれば、残りの金額と返済予定を改めてチェックしましょう。

3……入っている保険の内容

生命保険、医療保険、火災保険などの金額と保障内容を整理しましょう。ずっと前に入った保険で、今はそれほど手厚い保障が必要なくなっているケースもあります。今の自分や家族に必要なものを選ぶようにしてください。

4……クレジットカードの年会費や特典内容

使っていないのに年会費がかかっているクレジットカードはないでしょうか？　不要なものは解約しましょう。

また、カードによって買い物をするたびにポイントがつくものもあります。自分がよく行くお店で使えるものなど、ライフスタイルに合ったものを厳選しましょう。

5……持っている投資商品の内容

お金を増やすために、投資信託や株を購入しているという方もいらっしゃるかもしれません。その意識は素晴らしいと思います！

でも、持っている投資商品の内容をきちんと理解していますか？

「この投資信託が伸びると聞いたから」と、よくわからないまま所持しているとしたら、ちょっと危険です。投資は、やりながら勉強していくという側面もあると思いますが、自分が理解できないものに大切なお金を預けるのはやめましょう。

111ページでもお話したように、最近は投資詐欺も非常に増えていますので、慎重さが必要です。

数字が苦手だから……と、お金のことを見て見ぬふりをしてきた方、家族に任せっきりにしてきた方も、ぜひ、ここで意識を変えてください。

その第一歩としておすすめなのは、**お金に関する本を3冊以上読むこと**です。書店にたくさん並んでいると思いますので、面白そうだと感じるものを手にとってみてください。


家のお金をどんどん増やしていくためには、家族で気持ちを一つにすることも大切です。

家族で貯金の目標を立ててがんばれば、実現も早そうですよね！

また、**月に1回お金の家族会議**をするなど、家族でお金の話をする機会をつくると、安心感を得ることができます。

その安心が、福の神を招きます。

1円玉を大切にすると、その親がお礼に来てくれる

福の神に好かれているサインには、次のようなものがあります。

・お金と目が合う
・臨時収入が増える
・ゾロ目が目につく

など。その中の「お金と目が合う」について、もっとお金があなたにアイコンタクトを送ってくるようになる、お金のトリセツをご紹介します。

福の神に好かれると、お金をよく拾うようになります。

お金を拾ったら警察に届けるのが正しい方法ですが、私の場合、1円玉、5円玉、10円玉などの場合は、地元の氏神様にお参りをしてお賽銭として入れています。

これは、斎藤一人さんもよく言っていることですが、１円玉を大切にすると、その親の10円玉、さらにその親の１００円玉……１０００円札、５０００円札、１万円札がお礼に来てくれるのだそうです。
「どうも、うちの子がお世話になりました」
そんなイメージでしょうか。どんどんお礼に来てもらいたいですよね！

さらに、金運がアップすると、**「お守り」**もよく拾うようになります。

それも私は必ず拾います。本来は元の神社にお返しするのがいいのですが、それは難しいので、年に一度参拝に行く伊勢神宮にお戻しするようにしています。

一般的なお守りだけでなく、お財布に入れるような小さなお守りもよく拾います。

お金が入ったらどう使うかを想像してみる

「宝くじが当たったらどうしよう」

誰もが一度は考えたことがあるのではないでしょうか。

家を買って、旅行に行って、車を買って……などなど、いろいろと妄想を膨らませるのって楽しいですよね。

そのワクワクが、お金をジャンジャン引き寄せます。

ただ、「どうせ当たるわけない」といった思いが心の奥にあると、そちらの現実を引き寄せてしまうので注意です。

大切なのは、**もっと具体的に、もっとはっきりと思い描いてワクワクすること。**

108ページで「ほしいだけのお金を手にする『器』はある?」という

お話をしましたが、いつでも、どんな大金でも受け取れるよう、器を大きくしておく必要があります。

ゲーム感覚でできるイメージトレーニングをご紹介します。

銀行の通帳に「0」をつけ足してみる

銀行の通帳に記載されている金額の横に「0」を書き足してみましょう。

仮に、100万円と記載されていたとすると、0を2つ足すと1億円になります。

0を2つ書いて、自分の銀行口座に1億円あることを想像してみてください。ワクワクしますよね！

1億円あったら何をしますか？

あそこへ行こう、あれを買おうなど、使い道をあれこれ考えてみましょう。

0を3つで10億円でも、0を4つで100億円でもOKです。

通帳を見ながら楽しく妄想をすることがポイントなので、できれば使い終わった古い通帳のほうがいいと思います。

古いものがなければ、最新のページではなく、前のページに書くのでも大丈夫です。

私は本当にお金に困っていた20代の頃、なけなしの金額に0を4つもつけ加え、一人でニタニタしていました。

このようなゲームでなぜお金が増えるのかというと、

「お金があるんだ」

というポジティブな感情で、**「豊かさスイッチ」がオンになる**からです。

福の神は楽しいことが大好き。

あなたと一緒になって遊んでくれ、いつの間にか本当にお金をもたらしてくれますよ！

第4章まとめ

- ○「金毒の浄化」も「お金持ち思考」も21日間継続できれば習慣化できる！
- ○お財布の「特別待遇」で福の神を喜ばせよう！
- ○お金を使うときはいつも「喜びの大きいほう」を選ぶのが正解。
- ○お金持ちマインドになれる場所へ行って、その場所になじむ自分になる！

ここまで読んで、気づいたことを書いてみましょう。

おわりに

雑草にマヨネーズをつけて食べたことがありますか？

母親の病気介護をしながら時給780円でフリーターをしていた頃、
「雑草ってマヨネーズをつけたら食べられるのかな？」
としょっちゅう考えていました。
その当時、家賃や光熱費の支払いをするだけで毎月赤字の生活。
少しずつ貯金が目減りしていき、お金を使うのが怖かったんです。
1日3食は贅沢だと思い、1日1食生活をしていたため、
身長は180cmですが体重が60kgを切っていました……。
ひもじい経験をしたからこそ、
きれいごと抜きでお金って本当に大切だと痛感しています。
そんなお金の恐怖体験をしたので、
『お金があれば幸せになれる』と思う気持ちが強くなりました。
お金があれば何でもほしいモノが買える、

周りからチヤホヤされて幸せいっぱいなんだと。
そこから時は経って、大富豪で周りの人に尊敬されている
男性の経営者と出会ったんです。
だけどその経営者の奥さんと子どもは、
ある日突然、家から出ていきました。
「もうあなたにはついていけません」という書き置きを残して。
「お金があるだけでは幸せになれないんだよ」と
寂しそうに言っていたその方の言葉がいまだに忘れられません。
そこから私は「お金ってなんなんだろう？」と
真剣に考えるようになりました。
そして**お金の神様に好かれる方法を私なりに確立して、**
ようやく〝幸せなお金持ち〟になる方法がわかったんです。
改めてお金の本を書いてみて、

斎藤一人さんと小林正観さんの教えにかなりの影響を受けていることに気づきました。

偉大なお二人の知恵に心から感謝し尊敬しています。

この本は**『毎月プラス10万円のプチ贅沢な人生を実現させませんか？』**という お金に関する基本的な内容です。

簡単で効果的な内容なのでぜひ身につけてくださいね。

もしも「月に50万円増やしたい」とか
「月に100万円以上の暮らしがしたい」とさらなる欲が出てきたら、
ぜひ私のメルマガにご登録してほしいです。

『心理カウンセラーｍａｓａ　メルマガ』

などで検索すればメルマガへご登録が可能です。

一緒にお金に満たされる大安心の世界を体験していきましょう！

おわりに

最後に、この本の企画から編集まで、
ずっと一緒に仕事をさせていただいた編集者の花本智奈美さん、
編集協力の明道聡子さんのおかげで、
無事に出版することができました。
楽しい時間を一緒に共有できて本当にうれしかったです！
そしてご縁ある方々のおかげで、
毎日が充実していて最高の人生を送れています。
関わってくださるすべての方々に心から感謝です。
このお金の本をきっかけに、
恐ろしいほどお金の神様に好かれる人が
ひとりでも増えますよう願っております。

心理カウンセラー　ｍａｓａ

心理カウンセラー **masa**

1978年生まれ。心理カウンセラー。明治大学法学部法律学科卒。20代のとき、母親の介護をきっかけに会社を退職しフリーターに。ある本に書かれていた願望実現法を実践したところ奇跡的に母親が回復。そこから心理学にまつわるありとあらゆる知識を身につけ、カウンセリングで実践。引き寄せの法則に必要な「感謝体質」を生み出す独自の「夢ノートメソッド」を開発し、人生の9割近くに影響を及ぼしている「幼少期の記憶」を書き換えるカウンセリングで、6カ月先まで予約がとれない心理カウンセラーとして話題となる。著書に『神様とシンクロする方法 願いがどんどん叶う「奇跡の言霊」』(KADOKAWA)、『1日3分 願いが叶う超感謝ノート──「運」と「お金」を引き寄せるすごい習慣』(フォレスト出版)、『「小さな私」の癒し方 幼少期の記憶で人生は9割決まる』(KADOKAWA)などがある。

STAFF

デザイン・DTP	澤田由起子(アレンスキー)
イラスト	小泉マリコ(ごけんぼりスタジオ)
校閲	聚珍社
編集協力	明道聡子(リブラ舎)
編集	花本智奈美(扶桑社)

恐ろしいほど
お金の神様に好かれる方法

発行日　2024年11月5日　初版第1刷発行
　　　　2024年12月1日　　　第2刷発行

著　者　心理カウンセラーmasa
発行者　秋尾弘史
発行所　株式会社 扶桑社
〒105-8070
東京都港区海岸1-2-20　汐留ビルディング
電話　03-5843-8843(編集)
　　　03-5843-8143(メールセンター)
www.fusosha.co.jp

印刷・製本　サンケイ総合印刷株式会社

 ISBN978-4-594-09827-8